叩かず甘やかさず子育てする方法

STAR Parenting
スター・ペアレンティング

エリザベス・クレアリー［著］
田上時子＋本田敏子［訳］

築地書館

訳者まえがき

虐待に至らなくても、現代の多くの親は育児に不安や悩みを抱えています。日本における子育ての現状は最悪で、従来の子育て法だけでは通用せず、新しい親としてのスキルが必要だと考えてきました。

なぜわたしがそのように考えるのか、その要因を見ていきたいと思います。

高度経済成長以降の日本は、経済至上主義のもと、子どもも消費のターゲットにしてきました。インターネット、携帯、テレビゲームなど、子どものほしがるものが大量にあふれているなか、親は「ものを大切にする」という価値観を教え、かつ子どもの欲望を抑えなければならないという大変な葛藤のなかにいます。

世間が子どもに冷たいことも要因のひとつです。電車で赤ん坊が泣くと白い目で見られ、子どもの大声も「騒音」だと言われてしまいます。明治以前の文献には、子どもは「授かりもの」で「社会の宝」として大切にされたとあります。また開国以来の異邦人による見聞録にも「日本の子どもの目はキラキラしている。余程大切にされていることがわかる」と書かれています。ところが戦後、核家族化が急速に進行し、地域が崩壊し、若者が都会に集中しました。高度経済成長から豊かになった何十年間は、自然環境に手を加えて自分たちの都合のよいように変え、自然破壊を行なってきました。自然破壊の意識は、自然そのものである「子ども」を大切にしなくなったのと無関係ではないと思います。

加えて、日本はほかの先進国とくらべて役割分業意識が高くて「育児は母親の役割」との考えが根強く、根拠がないと主張されてきた「3歳神話」や「母性神話」が未だ母親のプレッシャーになっており、また閉鎖的な家庭環境のなかでの母子の過剰な密着も問題になっています。現実には「専業主婦」より「兼業主婦」が主流になっており、経済的にも働かざるを得ない母親は増加しています。2007年に内閣府は「ワーク・ライフ・バランス（仕事と生活の調和）憲章」と行動指針を定めましたが、母親と父親がともに仕事も育児もするということは、子どもにとって将来の見本・手本になることは間違いありません。

子ども自身の問題も深刻化しています。いじめ、ひきこもり、自殺、非行、どれも悪化の一途です。子どもの問題は、こんな子どもに誰がしたという親の問題であり、同時にこんな親に誰がしたという社会の問題でもあります。子どもの問題を解決するためには、社会が変わる、親が変わる必要があるのです。

では、どうすれば社会と親が変われるのか、それには大きく2つあります。ひとつは「育児の社会化」が進むことです。「育児の社会化」とは育児を親任せにせず、社会が親の支援をする、育児をサポートするということ。そして2つ目が「親教育（ペアレンティング）」の普及です。子どもの環境が激変している現代、親は子どもに向き合うためのスキルを必要としています。

わたしは、子どもに対する虐待防止には親教育が必須であるということをカナダで学びました。虐待としつけは大きく違います。虐待は、親が自分の感情の捌け口に子どもを使っているだけのこと、しつけは子どもが家族から社会へ自立していくためのルールを教えることです。しつけに暴力は不要で、暴力を使っている限り、子どもが親から学ぶのは「暴力」です。子どもが悪いから、子どもが言うことを聞かないからというのは親の勝手な言い分で、子どもは思いどおりになるという考えがそもそも正しくありません。子どもの問題と考えている限り、虐待はなくなりません。親自身が変わり、親としてのスキルを学ぶ必要があるのです。

わたしは、自分自身の「親ほど大変な仕事はない」という体験から、この大変な体験に裏打ちされていない、理論だけの親教育のプログラムではものたりず、女性の親教育者が書いたものを探しました。アメリカで女性初の親教育者、エリザベス・クレアリーによって「スター・ペアレンティング」プログラムが編み出されたというのを知ったときには驚きました。

わたしは、1988年にカナダから帰国した直後に起きた「東京埼玉幼女連続殺人事件」後、警察庁から出された防止策が旧態依然としたものであることにショックを受け、カナダやアメリカで学んだことを日本に紹介する必要を感じて『わたしのからだよ!』(1990年、木犀社)を翻訳出版しました。その本はエリザベスが代表取締役を務めるペアレンティング・プレス社から出版されており、それ以来、彼女は、わたしにとって親教育のコーチ役でもあり、個人的にも敬愛する姉のような存在だったからです。

スター・ペアレンティングは本文の説明にもあるように、0~12歳の子どもを対象にしていますが、どの年齢にも使えます。13歳以降の思春期には、12歳までの親子の関係が如実に反映されます。その点からも、12歳までの子どもに対する親としてのスキルを身につけていれば、基本的な人間関係ができていますから、13歳以降の思春期が親子ともに難しいものではなくなるという可能性が生まれます。

スター・ペアレンティングには、子どもの気質と発達段階を知ることの大切さや、親の価値観を明確にし目的をもてば、親の仕事はやりやすくなることなど、子どもについての情報と親としてのスキルが満載されています。

わたしが理事長を務めるNPO法人女性と子どものエンパワメント関西はスター・ペアレンティングの親教育プログラムを事業のひとつにしており、「叩かず甘やかさず子育てする方法」をテーマに定期的に講座を主催しています。参加者に動機を聞くと、「『叱らない、叩かない』というタイトルにひかれて」「怒らずにしつけていきたいので方法を知りたかった」「子育てが思いどおりにならないことが多く、悩んでいた」「発達障害のある息子への支援になれば」といった答えが返ってきて、育児に悩んだり、子どもと自分の関係や親としての自分のあり方を見つめなおしたいという親の姿が見えてきます。参加者には子どもにかかわる医師、助産師、NPO、援助者も多く、「母子生活支援施設の利用者へのアドバイスとして伝えたい」「子育て支援として、子育てしている親にぜひ使いたい」などの声も聞かれます。

また、講座終了後のアンケートでは次のような感想が寄せられました。「育児法が具体的でわかりやすかった」「今まで参加した講座では最高レベルで、これほど自分に影響があったものは初めて」「グループワークも多くあり、何より楽しかった」「目から鱗でした！」「子どもの行動について整理できた」など。

親であることが楽になる、子育てのヒントが得られる、自分を見つめなおすきっかけになる、人と話してつながることができる、子育て支援へのスキルになる。こうした機会をもっと拡大したいと考えています。

実例に即していねいにスター・ペアレンティングを解説している本書を、子育ての中心にいる親にはもちろん、子どもにかかわる仕事や活動をしているすべての方々にぜひ手にとっていただきたいと思います。

わたしには5歳と7歳の孫がいます。5歳の男の子の保育所への送迎時によく聞く、親が子どもに言う言葉が、「何度言ったらわかるの！」と「早くしなさい」の2つです。この言葉を聞くたびに、スター・ペアレンティング的な分析をして、次のようにつぶやいています。

「何度言ったらわかるの！」（何度言ってもわからないのは、メッセージが伝わっていない証拠。言い方が問題なのか、わかるように言っていないのか、ほかの方法はないのか、いずれにしろ同じ方法を繰り返しても効果がないなら、方法を変える必要がある。何度言っても聞かないのは、聞かない子どもの問題ではなく、親のスキルの問題。）

「早くしなさい！」（子どもはスローペースなんです。早くなんかできませんよ！）

少しずつ学んで、少しずつ成長しましょう。親も大人も子どもも一緒に！

2010年7月　宝塚にて

田上　時子

◎エリザベス・クレアリーのスター・ペアレンティング（STAR Parenting）の問い合わせ先
http://www.starparenting.jp/
NPO法人女性と子どものエンパワメント関西
〒665-0056　兵庫県宝塚市中野町4-11
TEL：0797-71-0810　FAX：0797-74-1888
http://www.osk.3web.ne.jp/~videodoc/

目次

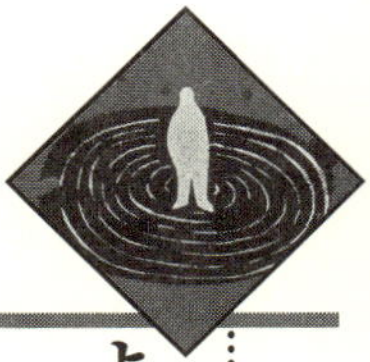

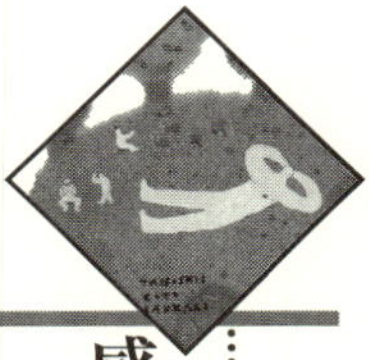

はじめに

親というものはすばらしいものですが、同時にイライラがつのるものです。親であることに時には押しつぶされそうなプレッシャーを感じることもあります。親の子どもへの対処法がうまくいくと、人はほかの何物にも替えがたい成長を得、変化へと向かいます。

自分が育てられたのとまったく同じように自分の子どもを育てたいと思う親はほとんどいないでしょう。社会にはびこる暴力に立ち向かう手本を示したいと思う親もいるでしょうし、課題を抱えたままの家庭に育った人は健全なモデル（手本）を探しているでしょう。子どもを誠実な人になるように育てたいと思う親もいます。子育てがうまくいっていても、自分が成長を続けるためにもっとよい方法を探している親もいるでしょう。

どのような動機をもつ人にも、スター・ペアレンティングは役に立ちます。

………スター・ペアレンティングとは何か？

スター・ペアレンティングは星型の表にもとづいて子どもを指導する方法で、次の2つのおもな部分に分かれています。

①行動に対処するプロセス
②5つのポイントに分かれた15のツール

プロセスとは、問題解決の「段階」のことです。子どもとの間で何か問題が起きた場合に、4つの段階（27ページ）を踏めば、ほとんどの問題は解決します。その段階をプロセスといいます。

スター・ペアレンティングにはさまざまな具体的な方法が示されていますが、その方法は異なった目的に焦点を当てた5つのグループに分けられています。このグループをポイントと呼びます。

さらに、その5つのポイントにはそれぞれ3つずつの手法が示されています。これをツールといいます。

すべての親が、子どもにとって好ましい力強い親になる力を内に秘めています。どう発揮すればいいかを学びましょう。学んで獲得する技能をスキルといいます。

スター・ペアレンティングの情報とスキルは、柔軟に、効果的にさまざまな分野で使えます。

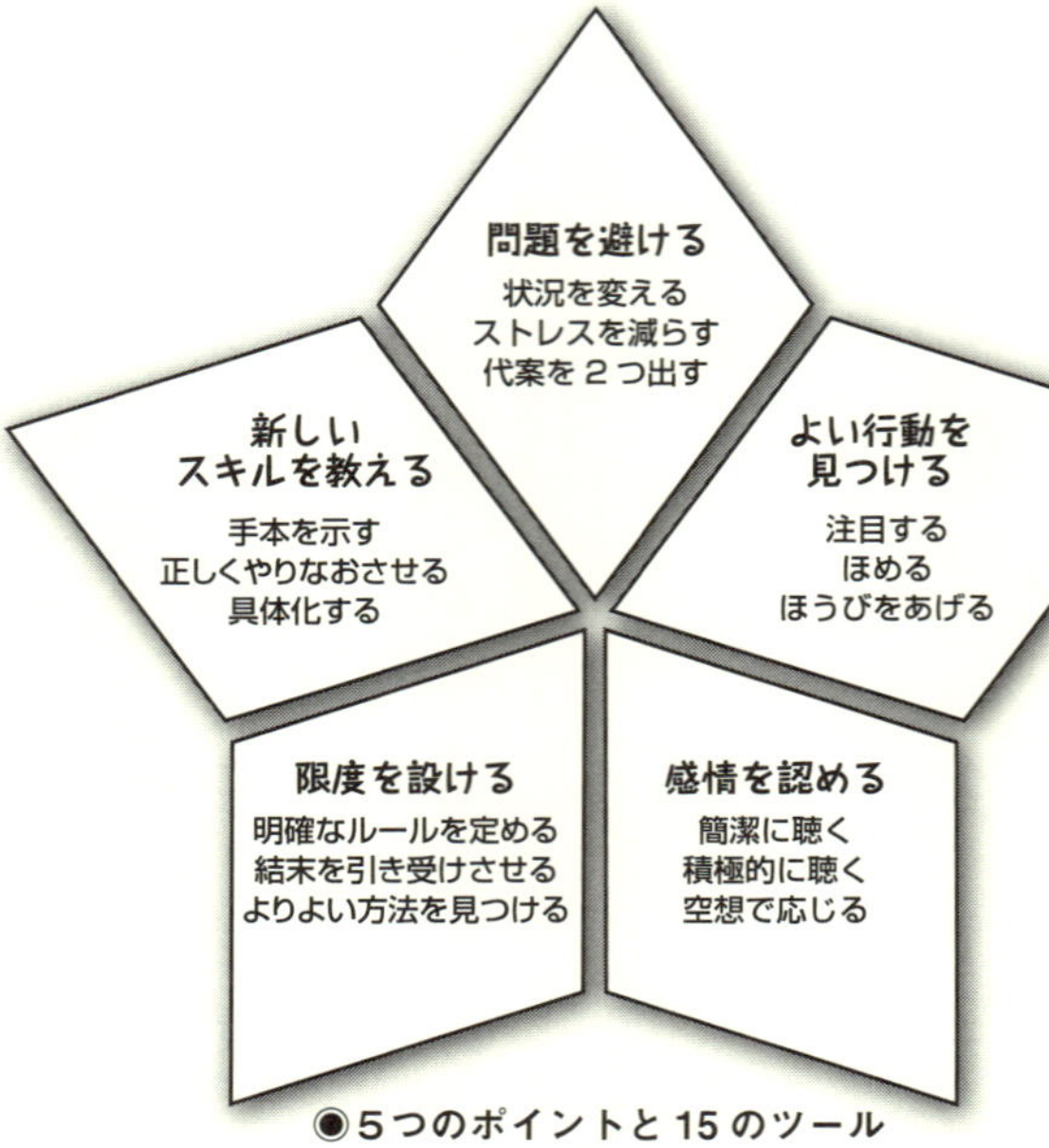

◉5つのポイントと15のツール

スター・ペアレンティングの由来

スター・ペアレンティングは、以前、親の子どもに対する接し方を教えていた生徒との会話から生まれました。彼女はどうすべきかわかっているが、それを行動に移せない人たちのために講座が必要だと考えていました。私は彼女に、その人たちを集めてくれたら、一緒にプログラムを開発できるかもしれないと伝えました。

講座は私にとっても生徒たちにとっても有意義なものでした。私はこの講座でいくつかのことを学びました。

まず感じたのは、親は、子どもに関心をもって接する期間や、子どもが物事を行なうのに要する時間、あるいは発達段階に関して、考えていないか、非現実的な期待を抱いているのではないかということです。彼らは何をすればいいのかとか、最初に何をすべきかを考えるのに苦労していたのです。さらに、表面的な問題にばかりとらわれ、その奥にひそむ問題に取り組んでいないということがわかってきました。

スター・ペアレンティングでは、親たちに、考えること、現実に即した期待を抱くこと、いくつかの方法を試し、新しいことに挑戦することをすすめます。

——親は、自分の期待が子どもへの接し方にどのように影響を与えているか気づいていない

スター・ペアレンティングのクラスで、ある女性が、自分の幼い息子が車のチャイルドシートに乗るのに時間がかかって困ると、繰り返し不満をもらしました。

少しして、私はそこにいるすべての親に、自分の子どもはどうか考えてみてください、実際どのくらいの時間がかかっているか調べ、その時間を3回記録してください、と伝えました。

次の週、その女性の息子がチャイルドシートに乗るのにどれくらい時間がかかったか、みんな知りたがりました。女性は決まり悪そうに、「えーと、最初は30秒、2回目は1分、3回目は20秒でした。2分までならいいと思います」と言ったのです。

ほとんどの人が、子どもが言われたことをやるのに、実際はほんの少しの時間しかかかっていなかったことに驚いていました。また、自分たちの記録から、子どもたちは上手にできたとほめられるときよりも時間がかかっていないことに気づきました。

子どもが適切ではない行動をとるのは、何か現実的な目的のため

子どもがなんのためにその行動をとっているのかを理解すれば、状況に対処するのが楽になります。

たとえば、子どもがおもちゃがほしくてほかの子を叩いたとします。親は「叩くのは悪いことだよ」と言って、子どもを叱るでしょう。そうではなく、おもちゃを手に入れるためにはいくつかの代わりのやり方があることを教えることもできます。この方法は時間がかかりますが、それによって子どもはほかの多くの状況にも使えるスキルを身につけるのです。

スター・ペアレンティングはほかの方法とどう違うのか？

個人の価値観を重んじる

スター・ペアレンティングでは、親が自分の価値観を自覚し、自分の子どもがどんな大人になってほしいのかという長期的な方針をもつことを重視します。子どもに伝統的な価値観をもってほしいと思う人もいるし、因習にとらわれないでいてほしいと期待を抱いている人もいます。どちらも、正しいとも間違っているとも言えません。

成長に合わせる

これは大人と子どもの両方に対してです。スター・ペアレンティングのクラスで私は、「スター・ペアレントは成長する親であり、完璧な親ではない」と、よく言います。調査によると80パーセントいい親ならそれで十分だと言います。これは幸運なことです。というのは、親がある年齢の子どもに対応する方法をマスターしても、子どもはまた新しい行動を始め、親ははじめからやりなおさなければならないことが多いからです。

具体的で建設的な方法を提供する

「ＳＴＡＲ」という言葉の４文字を、次の４つのプロセスに当てはめます。

S—Stop and focus　★　立ち止まって問題を見つめなおす

T―Think of ideas ★ アイデアをたくさん考える
A―Act effectively ★ アイデアを効果的に活用する
R―Review, revise, reward ★ 再検討、修正、ほうびを与える

星形の5つのポイントは、健全な親のための5つのアイデアを示しています。「問題を避ける」「よい行動を見つける」「感情を認める」「限度を設ける」「新しいスキルを教える」です。

―何度か試みる

問題を解決するためにはこれが必要です。親が最初に試みた方法が必ずしもうまくいくとは限りません。親と子どものどちらかが悪いからではありません。その場合、親は違った方法を試みる必要があります。

―子どもの年齢、気質、経験を考慮する

穏やかで適応性のある子どもにぴったりの方法でも、活発で頑固な子どもにはまったく効果がないことがあるのは、何人かの子どもがいる親ならわかっていることです。

……スター・ペアレンティングはどの年齢を対象にしているか？

基本的には0～12歳の子どもを対象にしています。しかし、どの年齢の子どもにも、さらには大人に対しても効果があります。

あるとき講座に出席していた男性が、スター・ペアレンティングの方法を幅広く応用できることに驚いていました。彼は、問題行動を抱えている大人を対象としたセミナーにこの方法を使えないか、許可を求めてきました。私は役に立つだろうと考え、彼に許可を与えました。

スター・ペアレンティングで行なうことは?

行動する前に考える

親は皆「よい」子どもを望みますが、何が「よい」ことなのかは人によって大きく違います。礼儀正しく、物静かで、従順な子どもを望む人もいれば、好奇心旺盛で、自己主張をする、活発な子どもを望む人もいます。親は、自分の望む価値観や行動をのばすために、どのツールを使えばいいのか決める必要があります。

データを集める

自分が問題だと考えていることと、本当の問題が違っている場合があります。それは、認識が正確ではなかったり、目にしたものを間違って解釈しているからかもしれません。このような間違いを避けるためには、その問題に関するデータを集めることが大切です。

たとえば、ある母親が、4歳の娘がいつも2歳の弟にいじわるをすると思いこんでいたとします。2人のやりとりを30分観察していると、唯一起きた出来事は、息子のほうから始めたものだとわかりました。母親が問題を抱えていたのは無理もありません。違った子どものほうに焦点を合わせていたからです。

新しい方法を試みる

「前にも言ったでしょう！　何度も何度も言っているのに、また同じことをするなんて！」

私たちはどれほどこの罠に陥っていることでしょう。

やり方を変えれば、どんな方法でも成功するチャンスが多くなります。スター・ペアレンティングのプロセスのひとつ「再検討、修正、ほうびを与える」というステップを踏むと、切り替えが容易になります。

この本の構成と使い方

この本は2部に分かれています。第1部ではスター・ペアレンティングのプロセス（4つの段階）を紹介し、あなたの無意識の期待が親としての行動にどのような影響を与えているかについて述べていきます。第2部はスター・ペアレンティングの5つのポイントと15のツールを解説し、うまく進まない場合にどう対処すればいいかを説明します。

また、親たちが、スター・ペアレンティングをどのように使って問題を解決してきたかについて、本文中でたくさん紹介しています。

親という仕事の神話

いくつかの神話を信じていると、親という仕事はとても複雑なものになります。そのような神話を今すぐぬぐいさり、スター・ペアレンティングを有効なものにしていきたいと思います。神話のいくつかを紹介しましょう。

☀——本をたくさん読めば、親が楽になる方法が見つかる

これは「手っとり早い解決」という間違った方法です。その場しのぎのやり方があとで大きな問題を生じさせることがよくあります。一般的に、変化は、ゆっくり、着実に、辛抱強く、時間をかけて起きるものです。問題が、子どもの発達段階や気質にもとづくものであれば、変化には長い時間がかかるからです。

☀——子どもが怒ったり、不幸だったりするのは、私が悪い親だからだ

あなたの親としての仕事は、子どもの世話をし、子どもが思いやりをもった、やる気のある大人になるために必要な経験とスキルを与えることです。いつもあなたが子どもを幸福にしていたら、子どもが自分で自分を幸せにするために必要なスキルを身につける機会を奪っていることになります。その子は一生他人に頼ることになるでしょう。これは「親の幸福観」という間違った解決法です。

☀——子どもは、愛されていると感じれば、きちんと成長する

別の言い方をすると、「本当の愛情さえあればすぐれた子どもになる」または「こんなに愛しているのだから、子どもは問題なく成長する」と言うこともできます。

子どもには愛情（養育）と限度（構築）の両方が必要です。子どもは、無条件の愛情だけを注がれていると、自己中心的な見方しかできず、自分に厳しくすることができません。

親は、子どもが6～9歳ごろまでこの考えに固執することがあります。そのころから教師や友だちから、ルールに従い、自制心をもち、共感することを期待されはじめます。

☀――子どもが思いどおりになれば、すべてうまくいく

そうかもしれません。時には子どもがいないほうが物事はうまくいくと思うことがあるかもしれません。でも現実は、あなたには子どもがいるのです。そして子どもはスローペースです。子どもが生まれる前より、何か行なうのに時間が少し余計にかかるだけです。たいていの子どものペースはゆったりしています。スピードを要求すれば、あなた自身にも子どもにもストレスとなります。

☀――親は自分がよいと思う方向へ進まなければならない

厳密にやりすぎると、経験と発達の関連性を否定することになります。幼い子どもはゆっくり学びます。言われることを理解し、従うのに必要な心のなかの「配線」を発達させる必要があるからです。

テレビ番組に出演したときのことです。コマーシャルの間に、観客の女性が、5カ月の息子が泣いたとき、甘やかさないために叩いたと言ったのを覚えています。彼女は、自分がやりたいと思った方法を始められたことを喜んでいました。でも彼女は、「泣かせない」という彼女のルールが、子どもの発達段階から見て、5カ月の赤ん坊には適切ではないことに気づいていませんでした。

☀——親は、子どものお手本となるように、完璧でいなければならない

子どもに自分の価値観や行動を示してみせるのは役立ちますが、完璧でいようとすることは役に立ちません。子どもは、間違いを犯してもよいことを知り、間違いを正すことを学ぶ必要があります。親が完璧なところばかり見せていると、子どもは失敗を恐れて、新しいことにチャレンジするのを拒みがちになります。親は、自分が犯した間違いや、どのようにそれに対応したかを、子どもと共有することが大切です。

第1部

スター・ペアレンティングの4つの段階

第1章 スター・ペアレンティングを始めよう

3歳のタミーはほしいものが手に入らないと、決まってかんしゃくを起こします。たとえば、昨日の午後、友だちの誕生日のプレゼントを買いにおもちゃ売り場に出かけたときのことです。プレゼントを選んだあと、タミーは大きくてかわいいバースデーカードを買いたがりました。私がそれは高すぎると言うと、タミーは叫びはじめました。私が「家に帰る時間よ」と言うと、「帰らない。サリーはあのカードがいるの！」と言って、私を叩こうとしたのです。

親というのは、楽しさといら立ちがまじり合ったものです。子どもが自分からあなたを抱きしめてくれると、親はうれしいものです。子どもが叫んだり、距離をおいたり、協力を拒んだりすると、腹が立ちます。このようなとき、親は何か手助けがほしいと思うでしょう。スター・ペアレンティングはそのようなときに手助けとなるものを提供し、子どもとの暮らしを楽にします。

◎◎◎…………スター・ペアレンティングのプロセス（4つの段階）

スター・ペアレンティングのプロセスは、「はじめに」で見たようにSTARという言葉にもとづいています。各文字が問題解決の段階を表わしています。

S—Stop and focus ★ 立ち止まって問題を見つめなおす
T—Think of ideas ★ アイデアをたくさん考える
A—Act effectively ★ アイデアを効果的に活用する
R—Review, revise, reward ★ 再検討、修正、ほうびを与える

このプロセスを通して、最初に紹介したタミーの母親のデボラは、問題を解決するためにどのような手順を踏んでいけばいいのかを見ていきましょう。

☀——立ち止まって問題を見つめなおす

自分と子どもの問題を見つめなおします。

自分が怒りといら立ちを感じていると思ったら、立ち止まって自分を落ちつかせるために数回深呼吸します。

自分と子どもにとってさらに厄介なことにならないように、何が自分をいらつかせているのか、自分は

どうしたいのかを見つめなおしましょう。

そして、子どもに最終的にどうしてほしいのか、子どもの気質や経験はどうかを考えます。

もし問題がまだ続いているなら、それに関するデータを集めるのが役に立つでしょう。

たとえば、どれくらいの頻度で起きるのか？

それが起きるとき、子どもは疲れていないか、イライラしていないか？

あなた自身がストレスを感じていないか？

問題が、あなたが考えているものと違っていることもあります。


デボラがスター・ペアレンティングのプロセスをどう利用するか見ていきましょう。

デボラは、自分を落ちつかせるために深呼吸して、言いました。

「スター・ペアレンティングのプロセスを使って対処できるかもしれない。立ち止まって、自分を落ちつかせ、問題を見つめなおすのね。いいわ。タミーも私も疲れていて空腹だわ。タミーは、私がカードを買ってあげないのでイライラしている。タミーは時々激しい反応を見せるから、そんなに驚くことではない。私はタミーに自立した、思いやりのある、自分を主張できる大人になってほしいと思っている。彼女はサリーへの思いやりをもち、自分を主張している。でも、もっと建設的に自分を主張するスキルを必要としている。さしあたり今は、どうしたらいいか考えられるように、自分を落ちつかせることを学んでほしい。タミーがどれくらいの頻度でイライラするのか、データを集める必要がある」

☀―アイデアをたくさん考える

アイデアをたくさん考えます。さまざまな種類のアイデアを、おかしなものも含めて考えます。おかしなアイデアを考える余裕があれば、きっと新しいよいアイデアを考えだすこともできるでしょう。そのアイデアは、問題のさなかでも、事態が落ちついたときでも使えます。

デボラがこの時点で、アイデアをたくさん考えだせればだせるほど、状況はよくなります。

たとえば、次のようなアイデアがあるでしょう。

⊙タミーが疲れて落ちつかなくなる前に、朝のうちに買い物に出かけることで問題を避ける。

⊙「大きなカードが買えないのでがっかりしているのね」と言って、タミーの感情を認める。

⊙タミーに、深呼吸を3回して自分を落ちつかせる方法を示すか、「おかしな」歌を歌うか、新しいスキルを教える。

⊙「悪い気持ちを追い払うことを忘れなかったわね」と言って、よい行動を見つける。または、落ちつかせるためにタミーにステッカーを与える。

⊙「イライラするのはいいけど、人を叩くのはだめ」と言って、限度を設ける。

☀―アイデアを効果的に活用する

いくつかのアイデアを選び、プランを立て、それを使います。

すばらしいプランでも、最後までやり通さなければ役に立たないことが多いでしょう。プランを実行するために、家族や友人に手伝ってもらいましょう。

お店で、デボラは単にタミーの感情を認め、家に連れて帰ることにするかもしれません。その場合は、家に帰ったあと、デボラは今後この問題にどう対処すべきか、プランを立てる必要があります。

たとえば、「私はタミーに自分を落ちつかせることを教えたい。深呼吸の仕方のお手本を見せよう。タミーが自分を落ちつかせようとしたら、ステッカーをあげることにしよう。ステッカーが5枚集まったら、クッキーを焼くことにしよう。パパやベビーシッターにもタミーが努力している姿を見ていてもらうようにしよう。タミーが努力しているときは、毎日午後、彼女を公園に連れて行ってストレスを減らすことにしよう」など。

☀――再検討、修正、ほうびを与える

効果があるのはなんでしょう?

何を変える必要があるのでしょう?

最初からうまくいくプランはほとんどありません。状況が満足のいくように解決されるまでプランを何度か微調整すると、たいていはうまくいきます。

再検討するときは、自分の努力に対してもほうびを与えましょう。努力を認めることは成功を喜ぶのと同じくらい大切なことです。

1週間後、デボラは再検討することができました。

「私は怒りを感じたときに深呼吸をするお手本を見せることを忘れなかった。そしてタミーもそうしはじめている。でも、公園に行ったのは2回だけ。今週は、公園に行く時間がなければ、午後、一緒にダンス

をしよう。来週5日間、タミーと一緒に考えたプランを実行できたら、自分にバラの花を買ってあげよう」

スター・ペアレンティングの5つのポイントと15のツール

スター・ペアレンティングは、「問題を避ける」「よい行動を見つける」「感情を認める」「限度を設ける」「新しいスキルを教える」という5つのグループ（ポイント）に分かれています。それぞれのポイントは、子どものさまざまな面に焦点を当てています。さらに、各ポイントには3つのツールがあります。ポイントとツールについては、第2部で詳しく説明します。

問題を避ける

これは、あなたが重要な問題に効果的に取り組むために、子どもに対してイライラする回数を減らすのが目的です。多くの問題は、ストレスを減らすか、環境やスケジュールを変えるか、子どもに選択肢を与えることで避けることができます。

よい行動を見つける

あなたが子どものある行動に気づき、それについてあれこれ言うと、その行動はますます増えていきます。これはほめる場合にも、ガミガミ言う場合にも同じことが言えます。たとえば、子どもに急ぎなさいとガミガミ言うほど、子どもの動作はのろくなります。

あなたがよいと思う行動を探しだし、子どもに協力する時間を与え、励ますことで、その行動をのばすことができます。励ましは単に微笑むだけでもよいし、あなたがしたいと思うなら複雑なものでもかまいません。

感情を認める

問題は子どもの感情から生じることが多いのです。子どもは、感情は行動とは違うことを知る必要があります。また、感情は受け止められる（判断されることも、変えられることもない）ことも知る必要があります。単に感情を認めるだけで、好ましくない態度を減らせることが多々あります。

限度を設ける

明確で、無理のないルールを与えます。

子どもに何をしてはいけないかではなく、何をすべきかを伝えましょう。たとえば、「叩かないで」ではなく「そっとさわって」、「投げるのをやめなさい」を「ボールをころがして」または「外でボール投げをして」と言いましょう。多くのルールは必要ありません。子どもには明確で、年齢に見合った、一貫したルールが必要です。

ルールに対して子どもがとった行動には、一貫した毅然とした態度で臨みます。そうすることでそのルールはより明確なものになります。

子どもはあなたの言葉より行動から多くのことを学びます。もし抱っこしている幼児があなたを叩いたら、子どもを下ろし、その場を立ち去ります。もし4歳の子どもがおもちゃを投げたら、おもちゃを拾い、しまいます。

明確な限度は、子どもに安心と強さを与えます。やさしく、毅然と、一貫した態度で対応しましょう。

☀——新しいスキルを教える

子どもが身につけていないスキルを使うことを期待すると、問題が生じる場合があります。ほかの人と分かち合う、静かに話をする、怒りを処理する、与えられた仕事を少しずつ分けてやる、正しくやりなおすなどの、新しいスキルを教えることができます。

34～35ページの「かんしゃくに対処するスター・ペアレンティングの使い方」の表に、デボラとタミーを例にして、どのようにスター・ペアレンティングのポイントとツールを使うかを示しています。

たくさんアイデアがあって、何をすべきか、どうやって決めたらいいか、迷うかもしれません。もし問題がそれほど深刻でなければ、いくつかのアイデアを試してみましょう。問題が深刻なら、27～31ページの4段階のプロセスを使いましょう。5つのポイントをすべて含めた計画を実行するとうまくいきます。

問題に対処するとき、5つのポイントをたくさん使ったほうが、満足のいく解決方法が見つかるでしょう。何度か計画を修正する必要があることに気づくと、さらなる効果が期待できます。ここで紹介した例ではタミーは3歳でしたが、ツールがどのように効果があるかを理解すれば、どの年代の子どもにも適用できます。

◉かんしゃくに対処するスター・ペアレンティングの使い方

問題を避ける 重要なことに取り組むため、問題の数を減らす	⊙状況を変える タミーがまだ機嫌のいい午前中に買い物に行く。前もってどこへ行くか、いくら使えるか説明しておく。 ⊙ストレスを減らす 親と子どものストレスを減らすことでイライラする状況をつくらない。2つの有効な方法は、運動をすることと、十分な時間をとること。たとえば、きびきびと歩くとか、何かさせるのに5分ではなく15分与えるなど。 ⊙代案を2つ出す 「今、小さなカードを買うか、家に帰ってから大きなカードをつくってもいいよ」と言う。
感情を認める 子どもの感情を認める （判断したり、気持ちを変えようとしない）	⊙簡潔に聴く 何も言葉をはさまずに聴く。たとえば「あー、そう、わかった」「ほんと?」「ええ」「うーん」「もっと聞かせて」など。 ⊙積極的に聴く 「大きなカードが買えなかったので、がっかりしているのね」 ⊙空想で応じる 「お店のバースデーカードを全部買えたら楽しいでしょうね? 町じゅうのバースデーカードを全部買えたらどう?」
新しいスキルを教える 子どもに身につけてほしいスキルを教える	⊙手本を示す たとえば、「頭にきた! 深呼吸を3回して、それからどうするか決めましょう」など。 ⊙正しくやりなおさせる 子どもが前と同じ行動をしていることに気づいたときに、子どもと一緒に正しくやりなおす。たとえば、「あら、深呼吸を3回するのを忘れたわ」と言って、子どもをやさしく抱き、一緒に深呼吸する。 ⊙具体化する スキルをいくつかの段階に分けて、タミーがやりやすいところから始める。まず、落ちついているときに子どもと深呼吸の練習をする。次に、怒ったふりをして、深呼吸を試してみる。3番目に、ほかの大人に、イライラしたとき3回深呼吸してみてと言う。4番目にあなたがイライラしたときに深呼吸してみせる。

よい行動を見つける 望ましいと思う行動を習慣にするためには、それを認め、ほうびを与える	⊙注目する 上手に遊んでいるときは微笑みかける。 ⊙ほめる 具体的に、心から、その場でほめる。「3回深呼吸をするのを忘れなかったのね。感心したわ」とか「自分を落ちつかせる方法を知っているのはうれしいでしょう」など。 ⊙ほうびをあげる 「叫ぶ代わりに、言葉で伝えるか3回深呼吸をしたら、お星さまのステッカーをあげるよ。ステッカーが5枚たまったら、一緒にクッキーを焼こうね」
限度を設ける 子どもが自分で自分の力を試せるように明確な境界線を設ける	⊙明確なルールを定める 「言葉で話しなさい。泣くのは自分の部屋か車のなかにしなさい」 ⊙結末を引き受けさせる タミーがほかの人に迷惑をかけつづけるようなら、部屋か車にとじこめる。 ⊙よりよい方法を見つける よりよい方法とは、親も子どもも気に入るアイデア。 「タミー、私はサリーにプレゼントを買いたい。あなたはサリーに大きなカードを買いたい。どちらがよりよい方法？　私たちが2人とも気に入る方法はないかしら？」 タミーは家で大きなカードをつくると答えるかもしれないし、カードともっと値段の安いプレゼントを買うと答えるかもしれない。

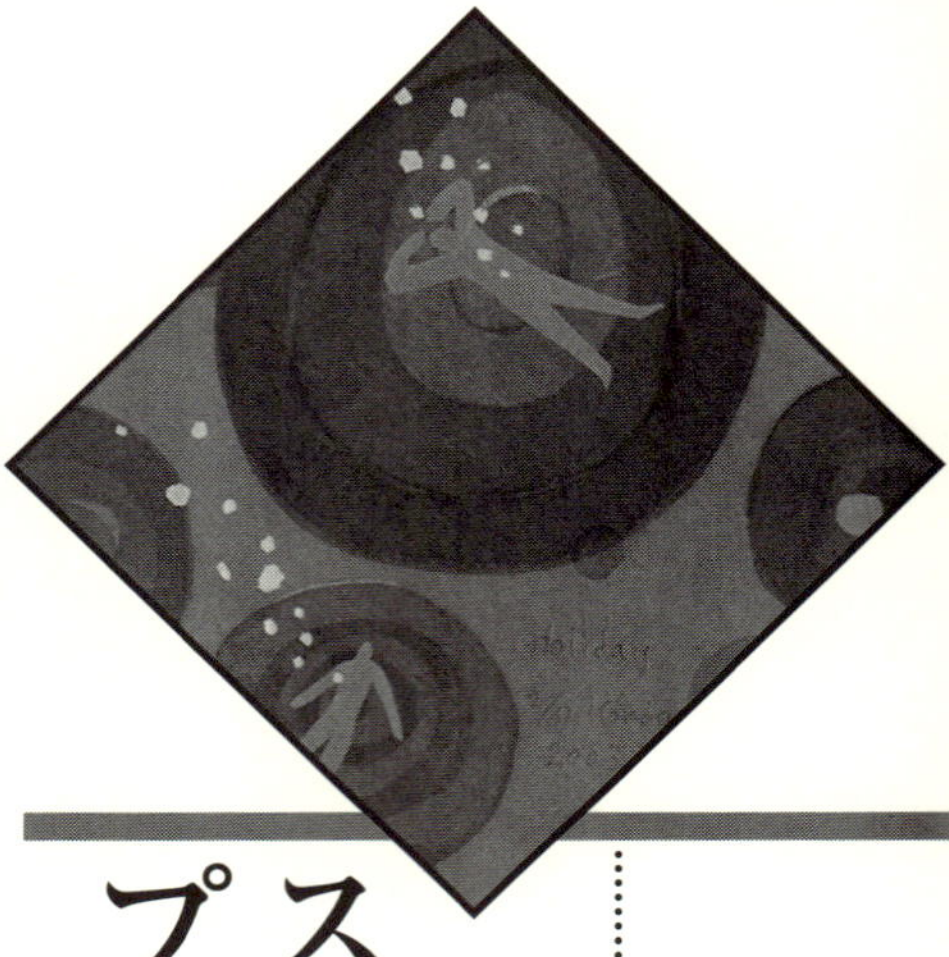

第2章 スター・ペアレンティングのプロセス（4つの段階）

親になるのは家を建てるのと似ています。プランがあり、さまざまなツールをもち、少しのスキルがあればそんなに難しくはありません。お店に行って金槌と釘と木材を買い、すぐに避難小屋を建てはじめることもできます。避難小屋は雨風をしのげます。でもプランもなく役に立つツールもなければ、あなたの望んでいた居心地のよい、気密性の高い構造の家とはならないでしょう。

一方、どんな家がほしいのかを決めて、プランを立て、木材のほかに、必要だったら鋸やものさし、金尺、水準器を購入します。プランと多くのツールと、少しの経験があれば、あなたの建てる家はより快適なものになるでしょう。

親の子どもへのかかわり方も同じです。現実的なプランと、2、3のツール、少しの練習で、親であることは楽しいものになります。

この章では、スター・ペアレンティングのプロセスを使って、プランを立てていくことについて詳しく説明します。

スター・ペアレンティングには4つの段階があります。

S—Stop and focus ★ 立ち止まって問題を見つめなおす
T—Think of ideas ★ アイデアをたくさん考える
A—Act effectively ★ アイデアを効果的に活用する
R—Review, revise, reward ★ 再検討、修正、ほうびを与える

このプロセスは、あなたを悩ませている問題を解決するためのプランを考えるのに本格的に使うこともできます。また、日々直面しているイライラを解消するために、さりげなく使うこともできます。まず、「立ち止まって問題を見つめなおす」ことから始めましょう。

立ち止まって問題を見つめなおす
STAR—Stop and focus

スター・ペアレンティングの最初の段階は、立ち止まって問題を見つめなおすことです。

買い物バッグに「しつけと虐待の違いは?」と書いてありました。反対側に「10秒」と答えがありました。この10秒とは、衝動的に反応するのではなく、深呼吸をして、頭を働かせる時間のことを指している

のだと思います。

難しい問題に直面したとき、スター・ペアレンティングを学んでいる親は、行動する前に立ち止まって、問題を見つめなおし、自分自身や自分の期待を見つめなおします。これは状況によって、短時間ですむこともありますし、時間がかかることもあります。これらの要素を一つひとつ見ていきましょう。

自分自身を見つめなおす

自分を落ちつかせる

人は怒っているときや、イライラしているとき、おびえているときには、うまく頭を働かせることができません。感情に支配され、衝動的に何かをやってしまいます。少し落ちついたら、頭を働かせ、何が起こったのかを見なおし、よりよい長期的な決断をすることができます。

人によって自分を落ちつかせる方法はさまざまです。

よくある方法は、

⊙2、3回深呼吸をする。

⊙「これもいつかは過ぎ去るものだ」と自分に言い聞かせる。

⊙窓の外の木や遠くを見つめる。

⊙子どもがやさしく協力的な子だと想像する。

⊙一歩下がって、その状況から離れる。

自分を落ちつかせるための別のテクニックをもっている人もいるでしょう。ひとつの方法で安心する人もいれば、いくつかを組み合わせる人もいます。

「これは本当に大切なことか？」と自分に問う

または、この状況は5年たったら違ってくるかどうかを考えます。

子どもの態度が深刻で、ただちに対応しなければならないものもあります。その場の子どもの欲求不満をなんとかするだけでいい場合もあります。また、自分の親とは違った価値観をもっていても、親からされたように子どもに対応することもあるでしょう。

フランクと妻は、最近、4歳の双子アンドリューとアレクシスを養子に迎えました。アンドリューがフランクを激怒させるようなことをしたとき、フランクはアンドリューを抱えて、階段をかけ上がり、彼を叩こうとしました。階段を上る途中、フランクは2つのことに気がつきました。まず、自分の父親なら激怒するかもしれないが、自分は本当は、息子の攻撃的な態度を気にしていないこと。次に、自分は子どもを叩くのをよいことだと思っていないこと。自分が子どものころいつも2階で叩かれていたから、アンドリューを2階に連れて行ったのでした。

その場の自分の欲求を見なおす

親の怒りが、子どもの態度によるというより、むしろ親の満たされない欲求や期待を反映していることとがあります。あなたの感情が、本当に子どもの態度に対してのものなのか見なおす時間をとりましょう。よその子でも同じようにイライラするか？　あるいは、自分が体力的、精神的な疲労の限界にあるのではないか？

夕食の準備をしているときや、子どもを寝かしつけようとする1日の終わりに、親の疲労が限界に達することがよくあります。時には少し休憩するのもいいでしょう。もうこれ以上はできないと思ったら、自分のからだや心のケアをする方法を探す必要があります。

リネットはテーブルに夕食を並べようとしていました。上の息子はあれこれとぐずぐず言ってばかりだし、下の娘は足もとにまとわりついて抱っこしてとねだりました。

リネットは、怒りの渦がわき起こり、今にも爆発しそうでした。そのとき、リネットは自分には休憩が必要だとさとりました。息子は宿題がわからなくて困っていて、娘は抱っこしてほしがっていたのです。2人の行動は何も悪くなく、ただ、その行動がそのときは迷惑なだけだったのです。

彼女はいったん食事の用意の手を止め、幼い娘と上の息子をソファに呼び、2人（と自分自身）を抱きしめました。

☀——自分がその問題にどのような影響を及ぼしているか、と自問する

子どもは、親の感情的な状態を反映することが多いのです。親が幸福なら子どもは機嫌がいいし、親がストレスを抱えていると、子どもも欲求が多くなります。

自分の期待を見つめなおす

私たちは皆、物事に対して期待をもっています。現実的なものもあれば、そうでないものもあります。問題を抱えているときは、その期待が子どもの気質や発達段階や経験によってどのような影響を受けるかを考えましょう。

さらに、自分の価値観が子どもへの期待にどのように影響しているかを見てみます。これから簡単にそれらを考え、次の章でさらに詳しく見ていきます。

10の気質

調査によると、大人になるまで変わらない気質の特徴が10あることがわかっています。

10の気質の特徴

- 活発さの度合い
- 適応性
- 打ち解けやすさ
- 散漫
- 感情面の結びつき
- 激しさ
- 機嫌
- 粘り強さ
- 規則性
- 知覚認識

特徴のひとつは、活発さの度合いです。つまり、もしあなたの赤ん坊が同じ年ごろの子とくらべて活発なら、幼児になっても園児になっても学齢期になってもそれは変わらないということです。反対に、もしあなたの赤ん坊がからだをあまり動かさない子なら、幼児になっても園児になっても学齢期になってもそれは同じです。

気質の特徴は生まれつきのもので、よいものでも悪いものでもありません。でも、ある状況でイライラすることもあれば、役に立つこともあります。たとえば、活発であるという気質はサッカー場では役に立っても、教室のなかでは不利になるかもしれません。

☀——子どもの気質を考える

自分の期待をはっきりさせましょう。もし子どものエネルギーがありあまっていたら、教会でじっと座っていることや、あなたが友だちとおしゃべりをしている間、辛抱強く立っていることを期待するのは適当ではありません。第3章で気質の特徴や、気質が子どもを指導するのにどう影響するか、気質にどう対処するかについてもっと詳しく見ていきます。

☀——子どもの発達段階

昔、大家族で、近所づき合いも親密だったころは、子どもが年齢によってどんなふうに成長するかを観察するのは簡単でした。今はそれが難しくなり、ふさわしくない期待を抱きやすくなっています。

発達段階によって、子どもの行動は二通りに分けられます。まず、座る、歩く、話すなどの、発達の目安となる行動です。次に、子どもが取り組まなければならない発達段階に応じた仕事（課題）があります。左の表に年齢に応じた一般的な仕事をあげています。

◉年齢別の仕事（課題）

⊙新生児

泣く。スケジュールが不規則。

⊙幼児①（6カ月〜1歳半）

自分の世界を広げる。なんにでも興味を示す。

⊙幼児②（1歳半〜3歳）

自分の感情を理解しようとしはじめる。自分のほしいものやしたいことなどの欲求がすぐに満たされないとかんしゃくを起こす。自分の感情に対処し、問題を解決することを学ぶ。

⊙園児（3〜6歳）

力関係に興味をもつ。大人を観察し、自分の権限をアピールするため、偉そうにする、病気のふりをする、他人の言うことを無視する、スーパーヒーローになるなど、さまざまなやり方を試みる。

⊙児童（6〜12歳）

自分自身の生活の仕組みやルールを身につけていく。情報を集める。他人とくらべたり、同意しなかったり、反抗したり、試したり、ルールを破ったときの結末を体験する。

子どもの行動の裏にある、発達段階にともなう行動の目的がわかれば、対処するのはずっと簡単になります。

たとえば、幼児①が自分の世界を広げたがることを知っていれば、子どもに、貴重なものや危険なものにさわらないで、としつこく言うより、手の届かないところにしまうほうが楽です。

同じように、幼児②はイライラや落胆をおさめる方法を学びはじめていることを理解していれば、多くの親にとって、子どもに自分を落ちつかせるスキルを教えることに集中するほうが、叱ったり、「がまんしなさい」と言うよりは楽です。

発達段階を理解することは、子どもに適切な期待を抱いたり、自分のペースを保つのに役立ちます。

☀——子どもの生活体験

子どもの生活で起こる大きな出来事が、子どもの行為に影響を及ぼします。

たとえば、もし親が病気だったり、旅行がちなら、子どもは見捨てられたように感じ、親が帰宅したときに機嫌が悪く、敵意を示したりするでしょう。もし、子どもが病弱なら、絶えず自分に注意を引きつけたがるようになるでしょう。引っ越しや弟や妹の誕生でも、子どもはとても不安や怒りを感じ、より多くのサポートや関心を求めることがあります。

日々の体験も子どもの行為に影響を及ぼします。

たとえば、お母さんが、「夕食前におもちゃを片づけなさい」と言ったのに、おもちゃが散らかったまま夕食を食べさせたら、子どもたちはお母さんの言うことを無視するようになります。また、お父さんが、ゆっくり時間をかけてジグソーパズルの一片を見て、どこに当てはまるかを見つけだす方法を息子にやってみせたら、子どもはじっくり観察し問題を解決するというスキルを身につけます。

自分の価値観

価値観は親のあり方に道しるべを示し、目標を明確にします。子どもが大人になったとき、どんな長所を身につけていてほしいかわかっていれば、日々の状況に対処するのが楽になります。

スーザンは、自分の価値観を理解していました。それは、息子のマーチンが掃除機をうまく操作できずイライラしていることに、どのように対処するかを決めるのに役立ちました。

マーチンは2歳半のとき掃除機をかけたがりました。スーザンはうれしいと思いました。というのは、協力し「自分の分担を果たす」ことが大切だと思っていたからです。でもマーチンは掃除機をかけるには、まだからだが小さくて、掃除機を自分の動かしたい方向に向けることができずイライラしました。何度やってもうまくいかず、しまいには彼はからだをバタバタさせ、泣きじゃくるのでした。

スーザンは、マーチンがもっと大きくなってスキルが身につき、自分の感情をコントロールできるようになるまで、ほかの行動に彼の気をそらしたいという誘惑にかられました。

でも、スーザンは協力と独立心を重視していたので、掃除の分担を身につけてほしいと思っていました。そして、マーチンがもっと大きくなって掃除機を扱うスキルが身につくまで待っていたら、そのときには関心がなくなっているのではないかと心配しました。

自分の価値観と、マーチンが6カ月か1年後もまだ掃除機に関心をもちつづけるかどうかを考えたあと、スーザンは「マーチンに掃除機のかけ方を教える」ために時間をとることにしました。まず、掃除機の部品を軽いものに変え、持ち手を彼の大きさに合わせて短くし、一度に2、3分だけかけさせることから始めました。
徐々に、マーチンが必要なスキルを身につけるのを手伝い、掃除機をかける時間を長くしていきました。6カ月後には3歳の息子は掃除機のかけ方をマスターし、喜んでやるようになりました。

スーザンは、マーチンが掃除機に興味をもったときに、自分が求めている大人の行動を身につけるチャンスと考え、長期的な目標を立てて、効果的に考え、行動したのです。

状況を見つめなおす

問題が起きる状況について考えるときには、子どもがどんなことを言ったりどんな行動をとったりしたかを解明し、その言動がどのくらいの頻度で起きるのかデータをとり、それが誰の問題かをはっきりさせ、その代わりにどんなことをしてほしいか決めることが、問題の解決に役立ちます。

——子どもが実際に言ったりやったりしたことをメモする

してほしくない行動を具体的にメモします。ある人が「私の子どもは乱暴で攻撃的だ」と言っても、これはレッテルを貼っているのであり、具体的にはわかりません。ある人にとっては乱暴な行動でも、別の人はそうではないと考えるかもしれません。ある人にとっては攻撃的と思われる行動でも、別の人にとっては積極的と見えるかもしれません。しかし、「私の子どもは、私が話をするとき耳をふさぎ、目を閉じる」と書けば、曖昧さはなくなります。

具体的にメモをとり、数人の人が同じ状況を観察し、その行動が起きる回数を数え、誰が数えても同じ回数になるかをはっきりさせる必要があります。これが大切なのは、次の段階の、その行動がどのくらいの頻度で起きるかについてデータを集めることに関係しているからです。

☀――データを集める

してほしくない行動がどのくらいの頻度で起きているかを記録します。その行動の頻度、長さ、強さを書きとめます。カレンダーに記録する、紙に書きとめる、カードに書いてファイルする、パソコンに記録するなど、方法はいろいろあります。

☀――ベースラインを決める

親が予想する子どもが問題を起こす頻度が、必ずしも正確でない場合があるので、ベースライン（基準値）を決めることが重要です。基準値を決めて記録をとることで、状況がよくなっているのか、悪化しているのか、同じなのか見きわめるのに役立ちます。

ベヴは親子教室に通っていました。4歳の娘のハンナがいつも2歳半の息子マーチンをいじめていると思いこんでいたからです。1回目の教室で、子どもたちを20分観察し、やりとりを記録しなさいという宿題が出されました。

ベヴが子どもたちを観察していても、何も起きませんでした。それでもう一度観察してみました。2回目に観察したとき、マーチンはハンナが遊んでいたおもちゃを2回つかみましたが、ハンナは何もしませんでした。娘のほうが攻撃的だとまだ信じこんでいたので、ベヴは観察を続けました。3回目にマーチンは、ハンナが本を読んで聞かせていたテディベアをつかみとり、ハンナがつくっていた積み木の塔を二度倒し、ハンナの髪の毛を一度ひっぱりました。

ベヴはクラスで自分の体験を話しました。ベヴは、ハンナが攻撃的だと思いこんでいましたが、そうではなく、とてもがまん強かったという結論に達しました。そして今度は息子に対処する基準値をつくることにしました。

前後関係に注目する

基準値をつくるときには、その行動の前後関係に着目しましょう。誰が関係していたか、その行動の前にどんなことが起きたかなどです。前後関係が状況に対処する手がかりとなることがよくあります。

エリンは、1歳2カ月の息子のロバートが「いつも、いつも」食べ物を投げることにイライラしていたので、親教育のクラスに参加しました。ロバートは朝食時も、昼食時も、夕食時も食べ物を投げつけるのか聞かれたとき、エリンは一瞬沈黙し、「いいえ、夕食のときだけです」と答えました。平日でも週末でも同じなのか聞かれると、エリンはそうですと答えました。それから、夫が家にいるときも、いないときも起きるのかと聞かれると、エリンはためらい、けげんそうな顔をして「夫が家にいるときだけです。そして私たちが話をしているときだけ起こります」と言いました。

エリンが悩んでいた問題の本質は、まったく違うところにあったのです。もし息子が、両親が会話をしているときだけ食べ物を投げるのなら、「いつもいつも、誰がいようと」食べ物を投げる場合とは違ったやり方で問題に対処するべきでしょう。

誰の問題かを決める

欲求が満たされない側が、その問題を抱えている人です。具体的に見ていきましょう。

◎子どもが問題を抱えている

2歳半のマークは、思いどおりにダンプカーを動かせないので自分の部屋で泣いていました。部屋のドアは閉じられていて、お母さんは台所で掃除をしていました。マークの悲しい気持ちはお母さんにはわかりませんでした。

◎問題がない

マークはダンプカーの動かし方がわかって、部屋から部屋へおもちゃのブロックをたくさん運んでいました。問題はありません。マークは満足だし、お母さんも満足です。

◎親が問題を抱えている

マークはブロックを運ぶのに飽きてきました。それで、家の外に出て、砂利をたくさん持ってきて、ダンプカーに載せ、居間の絨毯の上に撒き散らしました。今度はお母さんが問題を抱える番です。マークは、砂利をあちこちに動かすことに満足していますが、砂利やほこりは絨毯にいいわけがありません。

誰が問題を抱えているかを考えることは、問題解決に役立ちます。親は時として何も必要ないときに行動したくなることがあります。リザが発見したように。

リザは、娘のアビーと年下の友だちのソフィーをスイミング教室に連れて行きました。娘たちは水着を交換することにしました。アビーはやっとのことでソフィーの水着を着ました。ソフィーがアビーの水着を着るとぶかぶかだったので、「アビー、あなた太ってるわね」と言いました。

リザはソフィーの言い方にうんざりして、アビーがソフィーのいじわるにどう対応するか、何か助けてあげることができるかと考えました。リザが計画を思いつく前に、アビーがやってきて、リザに輪ゴムを持っているか聞きました。リザはアビーに輪ゴムをいくつか渡し、アビーが輪ゴムを使って水着をとめて、ソフィーのからだに合うようにしていくのを見ました。リザの最初の反応にもかかわらず、これは「問題ない」状況でした。

あとになって状況を振り返ってみると、リザは自分がアビーよりもずっとソフィーの言葉に気が動転していたことに気づきました。問題がないところに問題をつくりださないように、自分の感情と娘の感情を切り離して考えなければ、と決めました。

何かが起きたときどのように対処するかは、誰が問題を抱えているかによります。もし子どもの問題であれば、一番役に立つのは積極的に子どもの話を聴くことです。これで子どもをサポートし、子ども自身に問題を解決させることができます。この方法は、あなたが子どもに責任感や独立心をもってほしいと思っているなら、とても役に立ちます。

もし親が問題を抱えているなら3つの選択肢があります。

まず、自分の反応を変えて、状況を違った角度から見ることです。そうすることで、自分の価値観や、発達段階にふさわしい期待や、子どもの経験を見なおすことができます。

次に、問題が起こらないように物を変えることで、問題を避けることを試してみましょう（ツールの使い方は第4章参照）。

第3の選択肢は、子どもの行動を修正することです。これにはスター・ペアレンティングの4つの段階や、すべてのポイント、ツールを使うことができます。

行動の目標を立てる

子どもに望まない行動ではなく、どんなことをしてほしいかを決めます。「弟を叩かないで」と言っても、弟にじゃまされたとき姉はどうすればいいのかを教えたことにはなりません。叩くのではなく突いたり、押したりしてほしいのか？　その場から離れて助けを求めてほしいのか？　弟に自分のやりたいことをすべて台無しにされても、黙って耐えてほしいのか？

問題を解決するための行動の目標をつくり、それを前向きな言葉で述べましょう。たとえば、「叩かないで」ではなく「そっとさわってね」とか、「ぐずぐず言うのをやめて」ではなく「感じのいい声で話して」などです。

スター・ペアレンティングの最初の段階は、立ち止まって問題を見つめなおすことです。ここまでで自分自身や、期待や状況を見つめなおすことを見てきました。問題が何かがつかめれば、アイデアを考えつくことができます。

アイデアをたくさん考える
STAR—Think of ideas

スター・ペアレンティングの第2の段階は、アイデアをたくさん考えることです。親教育のクラスにやってくる親で、どうしたらいいか何も考えが浮かばないと言う人もいます。あらゆることをやってみたけれど、どれもうまくいかないと言う人もいます。この人たちは、たいていの場合、2、3のことだけを試して、効果がないと決めつけているのです。

アイデアがたくさんあれば、多くの場合、それだけでうまくいく方法が見つかります。自分が十分にアイデアをもっていると、自信をもって落ちついて問題に向かい合うことができ、あまり多くのことを試さずに状況を変えることもできます。

マイクとマリオンは親教育のクラスにはじめて参加しました。2人は必死で助けを求めていました。マリオンが台所の流し台に立つたびに、1歳半の息子のイーサンが近づいてきてマリオンのふくらはぎに噛みつくのです。これは6週間も続いていて、2人はどうしたらよいかわからないでいました。クラスに参加していた親たちは、マイクとマリオンのために、初回に習ったツールを使って48ものアイデアを出しました。おかしなアイデアもありましたが、多くは実用的なものでした。

マイクとマリオンは問題を解決したいと強く望んでいたので、家に帰ってからマイクはイーサンの部屋に行き、ベビーベッドで眠っているイーサンにやさしく語りかけました。「イーサン、ママに噛みつくことは忘れなさい。たくさんアイデアがあるよ。噛みつくのはやめなさい」

驚いたことに、イーサンは二度とママに噛みつかなくなりました。マイクとマリオンは、噛みつかなくなったことを喜んでいる一方で、アイデアを試してみる機会がなかったことに少しがっかりしていると報告しました。

彼らの体験は一般的だと言いたいのですが、そうではありません。でも、多くの親たちは自信をもてば、問題が予想していたより簡単に解決すると報告しています。

アイデアを探す

アイデアを考えるときは、楽しく、柔軟に、創造力を働かせましょう。その状況から自分を切り離し、どんなことをすると効果があるかを考えます。アイデアをリストアップするときは、できるだけ多く、できるだけ使えるアイデアを探します。

どこでアイデアを得られるか?

スター・ペアレンティングのポイントとツール、本、親教育のクラス、専門家、インターネット、友人や親戚からアイデアを得ることができます。

◎スター・ペアレンティングのポイントとツール

あなたの抱えている問題にスター・ペアレンティングのツールをひとつずつ当てはめてみましょう。5つのポイントに3つのツールがあり、全部で15のツールがあります。これらのツールは第4章～第8章で詳しく述べています。

◎親教育のクラス

親教育のクラスはアイデアの宝庫です。公民館、女性（男女共同参画）センター、教会、小児病院などで開催されています。

◎専門家

たとえば、親教育者、学校の先生、保育の指導者、小児科医、看護師、牧師などです。

◎インターネット

インターネットやほかのところから得るアイデアについては、それが自分や子ども、あるいは自分の価値観に合ったものか判断する必要があることを覚えておいてください。

◎友人や親戚

友人や親戚も助けになります。しかし、助けを求めたのに、彼らのアドバイスを受け入れなかったら、侮辱されたように感じる人もいるでしょう。子どもが望まないことをしたとき、あなたにできる20のことをリストにして、それに何かつけ加えるアイデアがないかを聞くのもいいでしょう。

☀――わざとおかしなアイデアを思いつく

おかしなアイデアを思いつけるほど心が自由になっていれば、新しいよいアイデアも十分思いつけます。また、誰かと一緒にアイデアを考えていて、ある人のおかしなアイデアが刺激となって別の人が本当によいアイデアを思いつくこともあります。

☀――思いついたアイデアのよし悪しを判断しない

アイデアを評価すると、アイデアを生みだすプロセスが中断されます。アイデアを考えているときに、「これは効果がない」「これは難しすぎる」などとよし悪しを判断すると、もっとよいアイデアを考えずに途中で放棄することになりかねません。

どのくらいのアイデアが必要？

私は親たちと少なくとも25のアイデアを考えることにしています。スター・ペアレンティングのクラスでは、たいてい40～50のアイデアを思いつきます。親たちに、自分の問題についてアイデアを考えるときには、少なくとも15くらい考えるように言っています。

はじめは、たいていの親はある問題の解決法を見つけるまでに、3回か4回見なおさなくてはなりません。それでたくさんのアイデアが必要なのです。少なくとも15のアイデアがあれば、問題を解決するためには十分でしょう。アイデアがたくさん集まったら、それらを評価し、プランを立て、効果的に活用しましょう。

アイデアを効果的に活用する
STAR—Act effectively

スター・ペアレンティングの第3の段階は、アイデアを効果的に活用することです。そうするためには、プランを立て、障害となりそうなことを予想し、やりとげることです。

プランを立てる

方法を選び、戦略を考え、最後までやりとげられるようにプランを立てます。

方法を選ぶ

さあ、アイデアを評価するときです。一つひとつのアイデアを効果があるかどうか、考えてみましょう。

子どもの年齢と気質に合っているか?

子どものための長期的な目標を達成するものか?

私は最後までやりとげられるか? 時間とエネルギーがあるか?

戦略を考える

始めるのに一番いい時期はいつかを考えます。そして、必要なものをリストアップします。

たとえば、3歳の息子のトイレ・トレーニングを始めることにした場合、

いつから始めるか?

夫の助けを借りるのか、私がひとりでやるのか?

夫が手伝ってくれるとしたら、分担をどうするのか?

子どもをどうやってその気にさせるのか?

子どもの努力に対するほうびに自動車やトラックのステッカーを、成功したときにおもちゃの自動車や

トラックを買ってやるつもりなら、誰が買うのか?
具体的なプランの計画表が必要なら、それを誰がつくるのか?

☀――どのくらい続けるかを決める

期待どおりにうまくいくプランはほとんどありません。進歩したかを見なおす日時を決めて、そのまま続けるか、プランを見なおすか、まったく新しいプランを立てるかを決めましょう。

◎◎◎……困難なことを予想する

◉起こりうる問題

- ⊙子どもの怒り
- ⊙子どもの抵抗
- ⊙親の疲労
- ⊙外的ストレス
- ⊙意図せぬ結果

いつ問題が起きるか、それにどのように対処するかを考えてみます。

たとえば、子どもがあなたの指示に抵抗するときに、それに負けてしまいがちなら、どうやれば自分の意思を曲げないようにできるかということです。

プランには、あなた自身へのサポートも含まれます。サリーの話でこれがわかります。

3歳の娘のミーガンは、しょっちゅうかんしゃくを起こすようになり、私は無視することに決めました。ミーガンが泣きだすと、たいてい私は負けてしまうので、泣くのに対処する方法を見つける必要がありました。

私は3段階のプランを考え、実行しました。まず、音を小さくするために耳栓を使いました。ミーガンが大声で泣き叫んだらヘッドホンステレオで音楽を聴きました。それでも泣き叫んでいたら、自分の部屋に行ってドアを閉めました。

いったんプランを立て、障害となりそうなことを予想し、それに対する解決法を決めたら、準備が整ったことになります。

次に、必要なツールや道具を用意し、ほかの人に知らせましょう。パートナー、保育園、友人などに、何が起こっているのか、どんな助けが必要かなどです。ベスとボブの体験から見ていきましょう。

リッキーは1歳6カ月のとき耳のひどい感染症にかかり、夜中に起きて手当てをしてもらっていました。感染症が治ったあとも、夜中にかまってもらいたがりました。いくつかのことを試しましたがうまくいかず、私たちは彼が泣いても放っておくことにしました。私たちは小さなアパートに住んでいたので、リッキーの部屋と壁を隔てた隣の部屋の住人のタミーが、彼の泣き声にイライラするのではないかと心配でした。また私たちは、彼が長時間泣きつづけてもがまんできるかわかりませんでした。

このことについて話し合ったあと、私たちは週末まで実行するのを待つことにしました。タミーに私たちの計画を話したところ、タミーはその週末キャンプに行くことにしました。それこそ私たちが望んでいたことでした。

私たちの部屋とリッキーの部屋の間に浴室がありましたが、私たちはまだ泣き声が心配でした。ボブはリッキーの部屋の壁に、音を消すために古いぶ厚い毛布をかけ、私たちの寝室にステレオを運びこみました。

私たちの努力はすべて報われました。最初の夜、リッキーは長い間泣いていましたが、2日目の夜は15分、3日目はほんの数分泣いただけでした。

………最後までやりとげる

☀——やってみる。そして最後までやりとげる

すばらしいプランでも最後までやりとげなければなんにもなりません。クラスである女性がこんなふうに話してくれました。

「最後までやり通すことが絶対必要です。それはプランを燃焼させるガスの役割です。最後までやり通さなければなんにもなりません。最後までやり通さないと、子どもにあなたを無視してもいいと教えることになる場合があります。たとえば、もしあなたが息子に、気持ちのいい声で話してと言ったにもかかわらず、ぐずぐず言うのをやめさせるために好きなものを与えたら、息子はぐずぐず言いつづけることでしょう」

☀――どのくらい続ける必要があるか？

状況しだいです。3日間、3週間、3カ月？　明確な答えはありません。

子どもがひとつずつの行為を学ぶのに十分時間をとる必要がありますが、実践しているプランがうまくいかないときは、中止して修正する必要もあります。

私の経験では、あなたの立てたプランが現実的で、あなたが断固とした意思をもっていれば、たいていの場合3〜5日で子どもに変化が表われます。専門家の多くは行動を変えるのに21日かかると言います。また、子どもの気質や発達段階に合わないプランだと、3〜6カ月はかかるでしょう。

もしそれ以上かかるようなら、あなたの扱っている問題は、身体的なものや心理的なもの、または癖になっている行為かもしれません。専門家に相談するのも役立つでしょう。

なんの変化も見られないようなら、望ましくない行動を無意識のうちに助長していないか、それがプランを妨害していないかを確かめましょう。

前進しているかどうか、どうやって確かめる？

進歩しているかどうかを知る一番簡単な方法は、望ましくない行動が起こる頻度や期間を表にしてみることです。何が起きているかについての私たちの認識は、その時々の感情に左右されることが多いのですが、表にすることで問題を客観的に把握することができるのです。たとえあなたの望むような速度でなくとも、問題の行動が減っているなら、あなたのプランは役立っているということです。

もし頻度が増しているなら、何かがその行動を助長しているのです。

また、なんの変化も見られないなら、そのプランには効果がないということになります。

再検討、修正、ほうびを与える STAR—Review, revise, reward

スター・ペアレンティングの最後の段階は、再検討し、修正し、ほうびを与えることです。

再検討する

ある問題にしばらく取り組んだあと、時間をとって自分がどこまで行なったか、どんなことができたかを見なおしてみます。もしうまくいっているようなら、そのプランを続けます。そうでなければ、プランを再検討します。たいていの人は、目標に達するまでに何度か再検討する必要があります。

マーガレットとピーターは、2歳2カ月の娘のサマンサがいじわるになったことを心配していました。サマンサは理由もなく親や友だちを叩くようになったのです。2人は、サマンサにそっとふれるように教えようとしましたが、効果がありませんでした。叩かれると痛いときつく言いましたが、何も変わりませんでした。

マーガレットは、母親と小児専門の親教育者であるキャシーに自分の悩みを話しました。

キャシーは、叱ることで子どもに関心を向ける場合、望まない行動を助長することがあると説明し、娘と距離をおき、叩かれてもなんの関心も示さないで、サマンサが適切な行動をしているときに、たくさんかまってあげるようにすすめました。それは、叩かれても何も言わず、目をそらし、娘が近づいてきたら離れる、そして、娘がやさしくなったらすぐに近づいて、目を見て話す、ということでした。

2人にとって娘と距離をおくことは難しかったのですが、3日間やってみることに決めました。最初、サマンサは2人が反応しないと怒って泣き叫びました。でも、2日目の終わりごろには叩くのが減ってきました。3日目にはまったく叩かなくなりました。しかし、よく観察すると、サマンサはまだ友だちを叩いていました。つまり、問題の半分は解決しましたが、半分は課題として残ったままでした。

修正する

たいていのプランは、問題が解決されるまで2、3回修正する必要があります。もしあなたのプランがうまくいかないなら、次のようなことをやってみましょう。

⊙問題を検討し、現在のプランを修正する

⊙最初のアイデアのリストにもどって、新しいプランを立てる

⊙もっとたくさんアイデアを考えつく

⊙助けを求める

自分自身にほうびを与える

よい親になろうとすると、孤独に感じることがあります。子どもが親に向かって、「このことで断固たる態度を示してくれてありがとう。大きくなったら助かると思うよ」と言ってくれることはほとんどありません。

あなたの親学習を自分で認める方法として、自分の努力や成功に対して、自分自身にほうびを与えるという方法があります。カレンダーに印をつけ、友だちに電話して自慢する、泡風呂に入る、自分にカフェラテをごちそうする、ベビーシッターを頼んで外出するなどです。成功や努力を祝うような、何か楽しいことをしましょう。

「ほうび」という言葉がいやなら、違った言葉を使いましょう。たとえば、成功を祝う、仕事を認める、（たとえ成功しなくても）努力を認める、進歩を確認するなどです。目的は、あなたの成功と進歩に気づくことです。

ここまでスター・ペアレンティングの4つの段階、「立ち止まって問題を見つめなおす」「アイデアをたくさん考える」「アイデアを効果的に活用する」「再検討、修正、ほうびを与える」を見てきました。

次の章では、子どもに対する長期的な目標を立てるために、あなたの価値観、子どもの気質、子どもの発達段階の課題を詳しく見ていきます。

第3章 子どもへの期待を明確にする

なぜ、子どもへの期待を明確にすることに時間をさくのでしょうか?

それは、現実的な期待は、親の仕事をやりやすくするからです。

親は、子どもが生まれる前は、子どもを愛し、思いやりをもって育てれば、自分の子どもはいつも「いい子」でいるものと信じています。このような期待は親にとって励みともなりますが、次の例でマルタが発見したように、予期せぬ結果を生むこともあります。

私は親教育の本をたくさん読み、娘を思いやりをもって育てようと決めました。娘の欲求にはすべて応じてあげよう、ルールをつくる必要もなければ罰もいらない、そうすれば、娘と私はとてもうまくいくだろうし、娘は自分のやらなければいけないことを本能的に察し、そうするだろうと。

このプランは最初の1年はかなりうまくいきました。私は、家のなかを安全にして、娘のアビーが事故にあわないようにしました。

2歳になるころから、娘はかんしゃくを起こすようになりました。これはよくあることだと聞いていたので、娘の欲求を先まわりして満たすことで、かんしゃくを避けるようにしました。娘には、愛されていて、かまってもらっていると感じてほしかったのです。かんしゃくはおさまらず、だんだん激しくなっていきましたが、気にしませんでした。

4歳の誕生日を迎えるころには、アビーはとても横柄な態度をとるようになりました。ほしいものが手に入らないと、だだをこね、手に負えなくなりました。私は来年から通う幼稚園のことが心配になりました。幼稚園の先生が私ほど彼女を愛してくれなかったらどうしよう？　先生はアビーが必要なサポートをしてくれるだろうか？　アビーのような生徒が20人もいたらどうしよう？　先生がその子たち全員のわがままを聞くなんて無理だわ。

そのときです、「私は、アビーをしっかりした子どもではなく、わがままな子どもにしたのでは？」という考えが心に浮かんできました。

私はしだいに、子どもには、愛情と思いやりと同じくらいに限度が必要であり、それが適切な行動をとる環境をつくるのだとさとりました。もし娘に快活で自立した大人になってほしいなら、何かをしなければならないと思いはじめました。

子どもがどんな大人になってほしいと思っているのかがわかっていれば、そこへ向かうのはより簡単になります。

子どもの気質を理解していれば、自分のプランを現実的なものにすることができます。

年齢に応じた典型的な行動がわかっていれば、親としての仕事が軌道に乗っているのか、そうでないのかがわかります。

そして、最後に、自分自身のケアも十分にしていれば、子育てによりエネルギーを注げるようになります。

自分の価値観を知る

価値観は、意識していても無意識でも、人の期待に影響を及ぼします。

誰もが「いい子」になってほしいと思いますが、人によって「いい子」の基準は違います。静かで、礼儀正しく、規律を守る子を望む親、活発で、好奇心が強く、運動が得意な子どもを望む親などさまざまです。子どもにどんな特徴をもってほしいのかをはっきりさせることが、その特徴をのばすことに役立ちます。また、親が自分の価値観を明確にすることが、自分にとってもふさわしい対処法を選ぶのに役立ちます。

自分の価値観と行動の間に葛藤が起こることがあります。たとえば、兄弟を叩いたからといって、親が子どもを叩くときです。その親は、暴力や人を傷つけることには反対なので、兄弟を叩くことはよくないと考えているのですが、自分が子どもを叩くことで、よくないと考えている行動の手本を示すことになってしまいます。子どもは、叩くことが本当はＯＫなのか、大人が子どもを叩くように、自分より小さいものなら叩いても許されるのかわかりません。

難しい状況にどのように対応するかを子どもに見せることは、あなたが何を大切だと思っているかというメッセージを伝えることになります。望ましくない行動に対応するにはさまざまな方法がありますが、自分の価値観の手本を示すようなやり方を選ぶことが大切です。次のリンの体験を見てみましょう。

リンはシングルマザーです。夏休みの間、７歳の息子のジョセフは、面白い野外活動や、自由に遊べる時間がたっぷりある児童館のプログラムに参加しました。そこでは子どもたちは責任をもって行動することとされていました。

サーカスを見に行く２日前、ジョセフと友だちのタイラーは、水泳のレッスンのことでけんかをしました。２人は先生に、彼らの行動は受け入れられないものであり、２人で問題を解決するか、大人に助けを求めるようにと言われました。さらに２人は、次の日の水泳のレッスンの間仲よくしているなら、２日後のサーカス見物に参加できることになりました。児童館の先生はそれぞれの母親が迎えにきたとき、何が起きたか、サーカスに行くためにはどうしたらよいかを説明しました。

リンはこのけんかを利用して、タイラーとの間に起きるかもしれない状況にどう対処するかをジョセフと話し合い、予行演習までしました。リンは、ジョセフがうまくやってくれるだろうと楽観的に考えていました。

翌日ジョセフを迎えに行ったとき、先生に水泳のレッスン中の様子をたずねました。先生は、タイラーの母親は、サーカスに行くために水泳のレッスンを休ませたと伝えました。

リンは問題解決と個人の責任を重視していましたが、タイラーの母親の価値観についても考えなければなりませんでした。タイラーの母親は、楽しむことを重視し、そのためにはけんかや問題を避けさせたいと考えているのかもしれません。水泳のレッスンを休むことは簡単で、その日は問題を避けることができても、タイラーに問題の対処法を教えることにはなりません。

果たして、けんかに対処する方法として、ジョセフとタイラーはどんなメッセージを受けとったでしょうか？


親の仕事の挑戦のひとつは、現在と将来、または長期のバランスをとることです。アニータの例を見てみましょう。


アニータには、13歳のジョージ、11歳のエレン、8歳のアダムの3人の子どもがいます。仕事中、アニータは、週末に来る予定だった人から、その日の夜に行くという電話をもらいました。家に電話をかけ、ジョージに浴室を掃除しておくように頼みました。また、ほかの2人にも今日来客があることを伝えてね、と指示しました。

ジョージは「なぜ、いつも、いつもぼくが浴室の掃除をしなければならないの？」と文句を言いました。

「あなたが上手にできるからよ」アニータは答えました。

「つまり、ぼくが上手でなかったら、浴室の掃除をしなくてもいいってこと？」ジョージがたずねました。

ジョージが不満を述べたので、アニータは立ち止まって、自分の価値観と行動についてすばやく振り返りました。

彼女は、自分が子どもの能力に価値をおいていること、子どもたち全員がきれいに掃除できるようになってほしいと思っていることを再確認しました。しかし、子どもたちが自分だけでできる仕事を割り当てる習慣に陥っていました。ジョージの不満は当然だったのです。

彼女は、「今日の午後は浴室の掃除をしてね。お客さまが帰ってから仕事の分担について話し合いましょう」と答えました。

スター・ペアレンティングが親にとって力強く特徴的なのは、親が子どもにどうあってほしいかを長期的に見るという価値観を理解すれば楽になるという点にあります。どうあってほしいかを長期的なスパンで考えることで、現在どうすればいいかを効果的に考えることができます。

価値観の性質を少し考えてみましょう。

価値観の性質

価値観とは行動の基礎となるもののことです。意識的なものもあれば、無意識なものもあります。相反を及ぼします。

するものもあります。人によっても文化によってもさまざまです。そして、それは親としての決断に影響

意識的でも、そうでなくても

自分の価値観がはっきりとしている親もいます。何が大切かわかっている人は、自分の行動をその基準で測ります。何を重視するかを深く考えたことがなく、自分の行動がそのことを反映していることさえよくわからない親もいます。次の2人の親の例を見てみましょう。

マリリンは正直さを重んじています。しかし、電話がかかってきたとき、5歳の娘に、自分が家にいないと何度も言わせています。

リチャードは、子どもたちに責任感をもち、約束を守れと言っていますが、疲れているときは、本を読んであげるとか、ゲームを一緒にするという約束を破ることがよくあります。

子どもたちは言葉よりも行動から多くのことを学びます。つまり、親が子どもに嘘をつくように頼めば、正直さを重んじるという価値観を子どもが身につけることはできません。

価値観どうしが相反することがある

たいていの人は相反する価値観をもっています。礼儀正しさと正直さ、独立心と依存心、幸福と健康な

どです。

◎**礼儀正しさと正直さ**

よくあるのは、子どもが質問に正直に答えたときの価値観の相反です。

たとえば、「プレゼントした本、気に入った？」（つまらなかった）、「おばあちゃん好き？」（いや、変なにおいがするもの）。

正直な子どもの答えに、親は機転がきかずうろたえてしまいます。

◎**独立心と依存心**

子どもがやりたいことと、できることは必ずしも一致しません。

たとえば、子どもが、

⊙哺乳瓶で飲むには大きいが、コップで飲むにはまだ幼い。

⊙赤ん坊のおもちゃで遊ぶには大きいが、フェルトペンやクレヨンで遊ぶには幼すぎる。

⊙抱っこしてもらうには大きすぎるが、ひとりで歩くには幼すぎる。

⊙ソファの上で飛び跳ねるには大きすぎるが、友だちの家まで歩いて行くには幼すぎる。

◎**幸福と健康**

子どもに健全な習慣を身につけてほしいと望む一方、子どもに幸せでいてほしいとも思うので、子どもが抵抗すると負けてしまう親もいます。こんなとき、このジレンマに陥ることがあります。

⊙「もうベッドに入る？」とたずねて、子どもが「いやだ」と言うとき。

⊙夕食に出したニンジンを、子どもがいやがり食べないとき。

⊙明らかに歯磨きをしていないのに、子どもが歯磨きをしたと言い張るとき。

◎**責任感と人気**

子どもの無責任が原因で、友だちとの間で問題が起きると、どうしていいかわからなくなる親もいます。たとえば次のような場合です。

⊙トニーは、友だちと遊びに出かける前に、自分の分担の仕事をすることになっていたが、忘れていた。今、友だちが入り口で待っている。

⊙サマンサは、友だちと電話で話す前に宿題を終えることになっている。宿題はまだ終わっていないのだが、友だちは今すぐ話をする必要があると言っている。

☀——子どもに望む価値観と自分自身の価値観が相反することがある

よくある葛藤は、子どもの独立心と親の都合がかち合う場合に見られます。たとえば、子どもが早く歩かないからと抱っこしたり、子どもが自分でジュースをコップに入れたがるのに、こぼすからと代わりに注ぐ、子どもが靴をはくのに時間がかかりすぎるので、靴をはかせるなどです。

◎◎◎……………価値観を明確にすることがなぜ役に立つのか

親が自分の価値観を知ることは、衝突を回避し、方向性を知り、子どもが親にしてほしいと思っている行動を理解するのに役立ちます。では、どうすれば明確な価値観が親としての仕事の手助けになるのでしょうか？

☀――客観的になるのに役立つ

親は子どもとの葛藤に陥ったとき考えもせずに反応することがありますが、価値観を明確にしておくと、長い目で見れば何が重要かという観点から、立ち止まって問題を見つめなおすのに役立ちます。

風が凍てつくように冷たく、4歳の子どもが、手が冷たいとぐずっているなら、「手をポケットに入れなさい」と言うか、「手をポケットに入れる？　それとも袖で手先までおおう？」、あるいは「手が冷たいね。温かくするにはどうしたらいい？」と言うこともできます。子どもにどんな習慣を身につけてほしいと思っているかで対応は変わります。

☀――方向性を示すことができる

子どもの望まない行動に反応する前に、いったん止まって自問します。「どうやったらこの状況を私の望む行動へとうながすことに利用できるだろうか？」

たとえば、子どもが友だちからおもちゃをつかみとったら、こう言います。「まあ、ディラン、ジョンに順番をまわしてと頼むのを忘れたよ。もう一度やってみよう」。それから、ディランが順番をまわしてと頼めるように、ジョンにおもちゃを返します。もしジョンが「いやだ」と言ったら、ディランにどうすればいいかを教えます。たとえば、「順番がまわってくるまで本を見ている？　それともブロックを組み立てて遊ぶ？」など。

☀——一貫性をもちやすい

自分にとって何が一番大切かがわかったら、明確なルールをつくって子どもに一貫した姿勢で接することができます。親が一貫していれば、子どもは何が大切かわかるので、親を試す必要がそれほどなくなります。

たとえば、サンディは学校の勉強を重視していました。それを念頭においているので、息子が勉強するスキルを身につけるのを手助けする時間をとり、学校の勉強が退屈なときには、予習・復習の重要性を子どもに教えることに労を惜しみません。

☀——望ましい行動に気づくようになる

残念ながら私たちは、物事のマイナス面ばかりに目を向け、プラス面を見逃しがちです。それは親としての仕事にも言えることです。デビッドが母親に礼儀正しい態度で、本を読んでと頼んでも、母親はそれを無視するかもしれません。でも、もしデビッドが妹を叩けば、すぐに親の注目を浴びるのです。

子どものどんな点を評価すべきかがわかっていれば、そのような行動を注意して探し、それらをのばすことができます。たとえば、デビッドがひざまずいて赤ん坊を面白い顔で笑わせたら、「まあ、ミーガンを楽しませてあげたのね。とてもやさしいのね」と言います。そうすることで、親が価値をおく行動を子どもにはっきり知らせ、適切な行動をとったと教えることができます。

長期の計画を可能にする

マークは慈善活動を重んじる家庭で育ちました。マークの子どもたちが幼いころ、彼はお金を「分かち合い・貯金し・使う」という方針の団体の会員でした。彼は幼い子どもたち一人ひとりに10セント硬貨を3枚渡し、1枚は分かち合いの募金箱に、1枚は貯金箱に入れるように言い、残りの1枚を小遣いにさせていました。毎年1月に子どもたちは募金箱のお金を数え、日曜学校のバザーに寄付しました。

子どもたちが学齢期に達すると、小遣いが増え、やり方が少し変わっていきました。1月になると子どもたちは、自分の募金箱のお金を寄付する慈善団体を、マークがあらかじめつくったリストのなかから選択し、なぜその団体を選んだのかを説明することになりました。

成長してもこの方法は続き、やがて高校生になると子どもたちは、いくつかの慈善団体を調べ、どこにより多くお金を寄付するか決めるように言われました。彼らは慈善団体の年度計画を調べたり、実際に訪問して職員に仕事のやり方などを聞いたりしました。目標は、単にお金を寄付することではなく、慈善団体の仕事を理解し、本当に役立つプログラムと表面的なものとを区別することでした。マークは、単なる慈善活動だけでなく、自分の寄付がどのように使われているかをきちんと知ってほしいとも考えていたのです。

ここまで自分の価値観を明確にする理由を解説してきました。次に、価値観を明確にする2つの方法を見ていきましょう。

◉いろいろな価値観

価値観：定義	価値観を表わしている大人の行動の例
適応性： 他人に譲歩する、または同調する	パートナーの休暇の計画に何も言わずに従う。他人が列に割りこむのを許す。
勇気： 確信をもっていることを守る	不法なまたは不道徳な慣習にはっきり反対する。誰かがいじめられていたら、助ける。
共感： 他人の感情を自分のもののように感じる	ゲームに負けた子どもの痛みを感じる。洪水や地震の被害者を助けるために赤十字に寄付金を送る。
倫理： その人の道徳観に従って行動する	職場から備品を家に持ち帰らない。子どもに、黙って出かけないで「行ってきます」と言いなさいと言う。
柔軟性： 状況に応じて反応する	車が使われていたら、仕事場に自転車かバスで行くのを厭わない。キャンプや旅行だけでなく、奇抜なパーティーも楽しむ。

……価値観を明確にする

☀——どんな特徴を望ましいと思っているか

親がどんな特徴を望ましいと思っているかは、親がどのように子どもに価値観を伝えているかを見ればわかります。私がスター・ペアレンティングのクラスで20人くらいの人に教えていると、たいてい1人はほかの誰かが激怒するような子どもの特徴に大喜びする人がいます。

ある人にとっては望ましいと思う特徴も、別の人にとっては望ましくない場合もあるでしょう。それは、その特徴をどう解釈するかの違いや、生育歴や人生経験の違いからも生じます。

たとえば、子どもが「汚れたり、散らかったりするのをいやがる」のを心配する人もいれば、喜ぶ人もいます。同様に、子どもが「頼まれたら誰にでもおもちゃを貸してあげる」ことを喜ぶ人もいれば、心配する人もいるのです。

ジャネットとサンドラは小学校からの友人です。２人は一緒にスター・ペアレンティングのクラスを受けていました。そしてグループで「望ましい子どもの特質」を考えていましたが、２人は「行動のじゃまをされるのが好きではない」に対する反応が正反対だったのでびっくりしました。サンドラは、息子が「行動のじゃまをされるのが好きではない」と「心配」なのに、ジャネットは「うれしい」のです。

２人はなぜ正反対の反応だったのかを見つけだそうと話し合いました。それでわかったことは、ジャネットの息子はすぐに気が散る子で、粘り強くないことが心配だったので、息子が遊びのじゃまをされるのをいやがるのならうれしかったのです。サンドラには自閉症の弟がいました。それで、遊びのじゃまをされるのを好まないのは、弟のように自閉症の領域に入るのではないかと心配したのです。

どちらの母親の価値観も、それぞれの体験にそくして言えば、理にかなったものでした。

次ページの表に子どもの特徴をあげました。自分にとって一番大切だと思うものから順番に番号をふってみましょう。ランクをつけるのが難しいと思う人もいるでしょう。もし難しいなら、自分にとって大事なものに○をつけ、自分が望まないもの、または気にしないものを消しましょう。それから自分が○をつけたものをランクづけします。

現時点と、10年か20年後にどうなってほしいかと、2回ランクづけをしてもいいでしょう。

◉子どもの特徴

活動的、エネルギー旺盛、いつも動いている
積極的、競争心が強い
運動能力が高い、スポーツが上手
魅力的、見かけがよい
陽気、快活、親しみやすい
清潔、きちんとしている、整頓する
協調性、協調的な行動がとれる
勇気がある、自分の信念を守る
好奇心、探究心がある
柔軟性、機知に富む、創造心がある
倹約家、資源やエネルギーを節約する
寛大、他人と分かち合う

他人の役に立つ、利他的である
正直、誠実である
独立心、自立的である
知的、知性がある
従順、言うことを聞く
受動的、積極的でない
粘り強い、最後までやり終える力がある
礼儀正しい、マナーがよい
人気がある、友だちから好かれる
信心深い、神を敬う
自制心、自分を律する
思いやり、他人の感情を思いやる

自分の価値観をリストアップする

あなたの子どもが12歳、18歳、25歳になったとき、どんなふうになっていてほしいか考えましょう。表のなかから、子どもにもっていてほしいと思う特徴を3～5個リストアップしてみましょう。

リストが完成したら、子どもを見てください。

子どもがすでにもっている特徴はありませんか？

これからどの特徴をのばす必要がありますか？

どんな大人になってほしいかというはっきりした目標があれば、子どもが幼いうちに、その特徴の芽生えに気づき、育みやすくなります。

子どもの成長の過程で、時に立ち止まって、この子が12歳になったら（18歳になったら）、どんな子どもであってほしいかをリストにしてみましょう。あなたにとっての理想の子ども像が見えてきます。そして理想の子ども像がわかると、何を意識して子どもに接すればいいかが明確になってきます。

グループでやってみる

2人の大人が1人の子どもを育てているとき、別々に価値観をランクづけし、それをくらべるのも面白いでしょう。価値観には正しいものも間違ったものもないことを覚えておいてください。どの人も自分自身の価値観をもつ権利があります。

私が教えている両親が参加するクラスで、もっとも喜ばしい行動ともっとも心配な行動を発表し合いました。ある女性は、息子が「部屋を出るときは必ず電気を消す」ことを大変うれしいと話しました。ところが、彼女の夫はそれにショックを受けました。というのは、彼はその同じ行動をとても心配していたからです。２人はグループから離れて、なぜそんなに意見がかけ離れているかを話し合いました。それで、夫はいつも電気を消すのは強迫的な行動と思っていて心配だったことが、一方妻は資源を守ることに関心があったことがわかりました。

違いがもっと根源的な場合もあります。マーティンとマリアンヌの場合を見てみましょう。

マーティンはシングルマザーに育てられ、金銭的に豊かではありませんでした。子どものころは、生きていくのに精一杯でした。彼は自分の子どもたちには、豊かであるという感覚をもってほしいと思っていました。

一方、彼の妻のマリアンヌは、お金はあるけれど、管理するスキルのない家庭で育ちました。彼女は子どもたちに倹約家になり、出費について気にかけてほしいと思っていました。

やがて、マーティンとマリアンヌは、子どもたちがお金を管理するスキルを身につけてほしい、少しは贅沢品を持ってほしいという2点で意見が一致しました。それで2人は、子どものためにどのように、いつお金を使うべきか決めるやり方を生みだしました。

ここまで、価値観の性質、なぜ価値観を知ることが大切か、どのように自分の価値観をはっきりさせるかを見てきました。親が子どもの挑戦的な行動に対応する前に、子どもの気質、年齢、発達段階を考えることも役立ちます。

年齢に適した行動

子どもの行動は年齢によっても影響されます。親や世話をする人が、さまざまな年齢の典型的な行動を知らなければ、非現実的な期待を抱くことがあります。現実的な期待をもてば、長期的に身につけてほしいと思うことをのばすことができ、発達段階の行動に対処しやすくなります。

⊙ノア（1歳3カ月）は、電気のスイッチにイライラし、つけたり消したりしつづける。はじめはかわいいしぐさだったが、今では困っている。

⊙ジャクソン（2歳4カ月）は、自分のほしいものが手に入らないとぐずぐず言う。シリアルを切らしているときに、彼はまるで私たちがわざと食べさせないかのように、ねだりつづける。

⊙バネッサ（4歳）は、耳が聞こえなくなる病気にかかっているふりをする。3回もテーブルをセットするように頼んでも、聞こえないふりをする。

子どもの行動を見ていると、その行動は子どもの発達段階に照らし合わせると筋が通っていることがわかります。長い目で見ると、子どもの望ましくない行動をやめさせようとするより、その子の発達段階にふさわしいスキルを身につけさせるのを手伝うほうが、問題が解決する場合が多いのです。発達段階の子どもの仕事を見ていき、先に述べた状況にどう関連しているか見てみましょう。

●●●……発達段階における子どもの仕事

☀──0歳～6カ月：存在する

この年齢の仕事は、成長し、親を信頼することにあります。赤ちゃんが泣くと、親や世話をする人がなぐさめに来ることで、赤ちゃんは自分が世話をされていることを学びます。もし赤ちゃんが泣いても、誰も来てくれなければ、赤ちゃんは自分が恐ろしい場所に1人きりでいるのだと学びます。ほかに頼る人がいないので自分自身を頼りにしなければなりません。

☀──6カ月～1歳半：探検する

幼児の仕事は自分の世界を広げることです。まず手足をのばすことから始まり、ハイハイしたり、歩きはじめたりすれば、もっと行動範囲が広がります。自分の居場所が安全で、まわりを探検できれば、世界は安全だということを学びます。居場所が安全でないか、大人が怒ったり傷つけたりすれば、世界は信頼できないところだと学びます。

6カ月～1歳半の幼児は、同じ行動（床に食べ物を落とす、壁にブロックを投げつけるなど）を何度も繰り返します。親がしないようにと言っても、その行動を繰り返す前ににやりと笑って親のほうを見たりさえします。これは親を困らせるつもりでいるからではありません。探検するようにプログラムされているからであり、自制心がまだ発達しておらず、親が前と同じように反応するかどうかをチェックしているのです。

問題だと思う行動をやめさせる一番簡単な方法は、その行動をできないようにすることです。もし子どもが食べ物を床に落とすなら、単に食べ物をしまうか、子どもを床に座らせます。

やがて、親の一貫した行動で、子どもはその行動をやめるでしょう。かかる時間は子どもの気質によります。この章の後のほうで気質について見ていきます。

1歳半〜3歳：思考と感情

このころの仕事は、考えることや、感情に対処することを学ぶことです。幼児は、四角いジグソーパズルのピースを丸い穴にはめることができなかったり、着たいパジャマが洗濯機のなかだったりすると、かんしゃくを起こします。

単に親が問題を解決してやるよりも、問題をどう考えるかを示し、同時に感情に対処する方法を示すほうが子どもには役立ちます。子どもに、パズルの穴が丸いことをパズルをさわらせて教えます。次に、ピースにさわりながら、四隅が全部丸いピースを探すのを手伝います。うまくいかないときにパズルを部屋に撒き散らすのではなく、自分を落ちつかせるための「怒りを振り落とす」動作や深呼吸を教えることもできます。このような対処を行なうことを問題解決と呼びます。

問題解決の利点のひとつは、別の方法があると子ども自身が気づくようになることです。こうして自制心を発達させはじめるのです。

要求をはねつけたり、ほかの人に偉そうにしたり、ひどく反抗的な態度に出るといった形をとることもあります。

☀——3〜6歳：力関係と自己認識

この時期の仕事は、いかにして力をもつか、自分が何者なのかを決定することです。これはしばしば、

人が使う力にはさまざまな種類があります。

身体的な力——自分のほしいものをとる。叩く。自分のほしいものを手に入れるために自分のからだの大きさや力を使う。

操作する力——ずるい手段で他人の弱みにつけこむ。「ぼくに本をくれないなら、ママに君がぶったって言いつけるから」

受動的な抵抗——自分の気に入らない言い方や要求を受け入れることを故意に断る。

無気力にふるまう—悲しげにしたり、床にうずくまったり、できないとぐずる。

能動的な反抗——真正面からぶつかる態度で、正しいことや要求されたことを意識的に行なう（または拒否する）。「無理にさせようとしてもだめだよ」とか「君はぼくのボスじゃない」など。

きりのない交渉——親が決めた条件で物事を実行するときに、いつも何かと取引しようとしたり、条件を変えようとする。

協力的な力——両者の要求に合うような解決法を探す。

親の仕事は、子どもに力について何を知ってほしいかを決めることです。次の例で、親が示した２つの違ったタイプの力を見ていきましょう。

ブライアンの息子のマシューは、妹が彼に本を貸してくれないからと、妹を叩きました。ブライアンは、その行動は受け入れられないものだとマシューに理解してほしかったので、妹を叩いたマシューを叩きました。

ミシェルの娘のアリッサは、夕食前にクッキーを食べたがりましたが、ミシェルは娘がお菓子で食欲を満たすことを望みませんでした。そこでミシェルは、アリッサと口論するのではなく、こう言いました。「あなたは今クッキーを食べたがっている。ママは、あなたが夕食のときに食欲がなくなるのが心配。ママなら夕食が終わってからクッキーを食べるけど、あなたは今おなかがすいているのね。２人とも満足するにはどうしたらいい？」

この例では、ブライアンはマシューを叩くことで、身体的な力を示しています。さらに、子どもどうしが叩き合うのはよくないが、大人が子どもを叩くのはＯＫであると実証してみせたのです。

ミシェルは、問題解決と交渉を使うことでアリッサと力を分かち合いました。彼女は問題を明確にし、アリッサに基準に合った解決法を求めたのです。

☀――6〜12歳：社会の仕組みとスキル

この年齢の仕事は、社会の仕組み、つまり世の中がどう動いているかを理解することです。これは世界についての情報を集め、ルールや、ルールの関連性、ルールを破ったらどうなるかを理解することです。子どもは、家庭や、学校、教会、仲間内などで社会の仕組みやルールをチェックしています。

子どもが友だちの家から帰ってきて、「なぜぼくはテーブルをセットしたり、お皿洗いを手伝わなきゃならないの？　ジェイコブはしなくていいのに」とか「ピーターの家に住みたいな。ピーターのママは好きなテレビをなんでも見せてくれるんだ」と言うかもしれません。また娘が、宿題を本当に全部やらなければならないかを知りたがるかもしれません。

学業に関する親のジレンマは、もし親が子どもに勉強を押しつけると、自らやる気を起こすことや、自分で勉強の仕組みをつくり上げるのを学べないかもしれないということです。一方、子どもが失敗してもそのままにしていると、学業は大事ではないと子どもが結論づけるかもしれません。スター・ペアレンティングに再検討、修正、ほうびを与えるという段階があるのは、うまくいかなかったときに、振り返り、修正する必要があるからです。

学齢期の子どもにルールや価値観の目的を説明するとき、それが何にもとづいているかを教えるのが有効です。たとえばある人は、テーブルをセットしたがらない子どもに、次のように言うでしょう。「家庭によってルールは違うのよ。わが家では一人ひとりが家族のために何かを与え、それぞれが家族から受けとるの。もし、家族のために何かほかにしたいことがあるなら、教えて。それについて話し合いましょう」。この答えで、母親は、協力と問題解決という2つの価値観を重視していることを子どもに伝えています。

☀——**12～18歳：自己の確立と分離とセクシュアリティ**

この時期の仕事は、自己の確立と、（親からの）分離とセクシュアリティについて知ることです。十代の子どもは「私はまだ親がかりだが、どうやったら自分の価値観をもちながら、独立した人間になれるだろうか？」と自問します。この年齢は、家庭や学校、友だち関係などについて、さまざまな場所で起こる問題に対処する必要があります。

0歳～6カ月	**存在**：仕事は、成長し信頼すること。赤ん坊が泣いたとき、親や世話をする人がなぐさめに来れば、赤ん坊は自分が世話をされていることを知り、人を信頼することを学ぶ。
6カ月～1歳半	**探検**：仕事は、まわりの世界を探検すること。まず手足をのばすことから始め、ハイハイしたり歩けるようになると行動範囲が広がる。
1歳半～3歳	**思考と感情**：仕事は、考えること、感情に対処することを学ぶこと。幼児は自分を落ちつかせる方法や、自分が直面する困難なことに対し、どのようにして決断を下すかを学ぶ。
3～6歳	**力関係と自己認識**：仕事は、力をもつ方法や、自分が何者であるかを決めること。子どもは要求をはねつけたり、ほかの人に偉そうにしたり、挑戦的にふるまったりする。
6～12歳	**社会の仕組みとスキル**：仕事は、社会の仕組みと世の中がどう動いているかを理解すること。世の中について情報を集め、ルールを理解し、ルールの関連性やルールを破ったらどうなるか（結果）を理解する。結果がともなわなければ、学ぶことはできない。
12～18歳	**自己の確立と分離とセクシュアリティ**：仕事は親から分離し、セクシュアリティ（男性または女性であるとはどういう意味か）を受け入れること。特に、「まだ親がかりだが、どうやったら自分の価値観をもちながら、独立した人間になれるだろうか？」と自問する。

十代の子どもは、時にはセクシュアリティの芽生えにプレッシャーを感じ混乱します。これはあるときは自分がとても大人になったように思えたり、またあるときはとても未熟だと思えたりするからです。

十代の子どもを育てるときに重要な点は、子どもの独立心の芽生えを受け止め、安心させ、同時に不健全な行為や自分を否定するような行動を抑止することで、彼らに安心感を与えることです。時には十代の子どもの向こう見ずで、欲求不満から起こる行動が、親からの分離を助けることもあります。また、子どもの自立を安心しながら見守るだけでいい場合もあります。

発達段階の仕事が子どもの行動にどんな影響を与えるかを、前ページの表にまとめてあります。

発達段階の仕事と問題行動の目的を知る手がかり

子どもの問題行動がどんな目的で起こるのかを知る手がかりが3つあります。

①子どもの年齢
②子どもの問題行動の前に何が起きたか
③親の感情

まず、ミーガンの話を読んで、それから3つの手がかりについて理解し、それらを彼女の行動に当てはめていきましょう。

今、8歳の娘のミーガンには本当に手を焼いています。喜びや楽しみにあふれんばかりのときもあれば、気難しく腹立たしいときもあります。今朝、私は友だちの子どもたちを預かったので、家じゅう子どもだらけでした。ミーガンはソファで本を読んでいた兄のリックのところに近づき、私が見ているのを確かめてから、兄を叩いたのです。兄を傷つけるだけでなく、明らかにわが家のルールに違反するものでした。

私はミーガンのところへ行き、謝りなさいと言いました。彼女はまわりにいる子どもたちに聞かせるかのように、大きな声ではっきりと「いや」と言ったのです。私はミーガンに、わが家のルールを破ったのだから、「兄にやさしいこと」をする必要があるのを思いださせました。またしても、彼女は「いや」と言いました。まわりじゅうの目が私たちの対立に注がれていました。

私はどうしたらいいかわかりませんでした。でも、みんなに見ていてほしくなかったので、彼女を抱き上げ、隣の部屋へと連れて行きました。子どもたちはみんなぞろぞろと後をついてきました。私がドアを閉めると、廊下でひそひそ話をしているのが聞こえました。ミーガンにもそれが聞こえたらしく、にやりと笑っていました。

私はドアを開け、子どもたちに、ミーガンがわが家のルールを破ったこと、兄にしてあげるやさしいことを思いついたらすぐに出て行くと伝えました。ドアを閉めると、子どもたちが去って行く足音が聞こえました。足音が聞こえなくなるとすぐ、ミーガンはベッドから飛び下り、「リックが当番のとき、私が代わりにテーブルをセットする。カレンダーを持ってきて、リックの名前を消して、私の名前を書く」と言いました。

このようにして、嵐は起きたときと同じくらいあっけなく去りました。私にはどういうことなのかわかりませんでした。ミーガンは力関係を示したかったのでしょうか？　私の関心を引きたかったのでしょうか？

――手がかり１：子どもの年齢

子どもの年齢が、行動の動機を探る手がかりになることがあります。これは一番簡単な手がかりですが、時には誤解を招くこともあります。一般に、子どもの行動は、子どもの年齢に応じたものか、まだ身についていない前の段階の仕事を反映していることがあります。

たとえば、幼児は探検しながら物にぶつかり、２歳児はほしいものが手に入らないと感情のバランスを崩します。４歳児は大人に対して挑戦的な行動をとります。８歳児は、「すぐに」宿題を始めると約束しながら、いつになってもとりかからないことがあります。親がどんな反応をするか見てみようとしているのです。

これらの行動は年齢に適したものです。しかし、子どもが、前の段階のまだ身につけていない仕事に立ちもどることもよくあります。これは、まだ力関係を試している８歳の子どもや、感情に対処したり、気持ちを通じさせる適当な方法を探している４歳児を見るとわかります。

年齢は、ほかの手がかりを考える前に、まずはじめに考えてみるといいでしょう。

――手がかり２：問題行動の前に何が起きたか

子どもが手に負えないとき、親は、いわば「がまんの限界」の引き金となる出来事に焦点を合わせます。

次の例がこれを示しています。

ボニーがお父さんに「本を読んで」と頼むと、お父さんは「あとで」と言いました。ボニーはしばらくしてからまたお願いしました。お父さんはまた断りました。ボニーがテレビをつけると、お父さんは立ち上がってテレビを消し、「何度言ったらわかるんだ。夕食後のテレビはだめだ」と言ったのです。

最後の行動に焦点を合わせると、子どもの目的は力関係を試すことのように思えます。でも、やりとりをはじめから見ていくと、親が、本を読んでほしいという子どもの要求を拒否したことから始まっていることがわかります。建設的に関心を引こうとしても（「本を読んで」）かなわなかったので、子どもは自分が知っている効き目のある戦術（ルールを破る）に変更したのです。

☀━━手がかり3：親の感情

ある行動の動機を、子どもの行動自体ではなく、大人がそれをどう感じるかによって判断すべきだと信じている人もいます。親にとってもっとも関係のある動機は、注目への欲求と力への欲求の2つです。

◎注目

子どもが親の注目を引こうとして何かをすると、親は困ったり、イライラしたり、つけこまれたように感じます。

注目を引こうとする行動は、
⊙親が疲れているときや、何かをやっているときに起きる。
⊙親が感情的にうまく対処できない状態のときに起きる。
⊙徐々に頻度を増す（イライラする子どもの要求が一度でなく、繰り返される）。

◎力

子どもが力を主張しようと何かをすると、親は誇りに思うこともあれば、怒りや無力感や脅威を感じることもあります。

権力を求めるような行動は、
⊙親の不快感を増すように、わざわざまわりに人がいるときに行なわれることが多い。
⊙特定の人物に向けて行ないがち。または特定の情報を集めるために行なう傾向にある。
⊙予期せぬときに行なわれて驚かされる。

これらの3つの手がかりを使って、ミーガンの行動の目的がなんだったのかを推測することができます。ミーガンは8歳で、発達段階の仕事は社会の仕組みを理解することですが、まだ力関係について学んでいます。ルールを破る前には何も起きていません。お母さんは、彼女の行動に怒りと混乱を感じました。多分ミーガンの行動の動機は、まわりの人に自分の力を示したかったということでしょう。

気をつけたいのは、注目や力を求めるのは悪いことではないということ、ただ、適切か不適切かの判断が必要だということです。

子どもの発達段階の仕事を考えることで、子どもの年齢が行動に与える影響と、子どもがどんなスキルを練習しているのかを見てきました。次に、人の気質がどのように行動に影響を与えているかについて考えましょう。

気質

子どもは一人ひとり違います。同じ家族でも、大きく違うことがあります。

⊙ハンナはいつも陽気だが、アビーは内向的。

⊙ジェイコブはがっかりすると泣き叫ぶが、ミシェルはすすり泣くだけ。

⊙エミリーはするなと言われてもテーブルに上るのをやめないが、アヴァはすんなりと受け入れる。

⊙イーサンはいつも動きまわっているが、ウィリアムは本を読むほうが好き。

⊙マディソンは時計みたいに正確にお腹をすかせるが、ソフィーは食欲にムラがある。

これらの違いは子どもの気質を反映しています。

気質とは、生まれつきもった特徴が組み合わさったもので、子どもがどのようにまわりの世界に向き合うか、どんな大人になるかに大きく影響します。子どもに期待を抱くとき、実際にその子がどんなことができるかを考慮に入れる必要があります。

気質は発達段階とは違います。発達は子どもがいつ歩くかを決定しますが、気質は子どもがどのように歩くのを覚えるかを決定するものです。気質は子どもが成長していっても変わらないのに対して、発達段階の行動は子どもが成長するにしたがって大きく変わります。

気質の種類

チェス、トーマス、バーチ*による古典的な調査によると、気質には9つのタイプがあることがわかりました。その後、10番目の気質が追加されました。そのリストを105ページに載せてあります。

*訳注――ステラ・チェス（Stella Chess）はアメリカの児童心理学の権威でニューヨーク大学教授。ステラの夫アレキサンダー・トーマス（Alexander Thomas）も児童心理学者。ハーバート・バーチ（Herbert G. Birch）は子どもの気質研究の先駆者。1956年から続けている3人の研究では、人間形成において、遺伝的要因と環境的要因がそれぞれ子どもの発達段階において関係し、いくつになっても特定の特性が残在しつづける気質要素の存在を指摘している。

気質は生まれつきのもの

気質は、4カ月たつまで親が気づかなかったとしても、生まれたときからあります。気質は、性別、髪の色、からだの大きさなどとともに、生まれつき備わっているものなのです。子どもが生まれる前から、子どもの気質に気づく女性もいます。たとえば、赤ん坊のなかには生まれる前からとても活発な子もいます。

気質はほかの子どもと比較して測られる

たとえば、ほとんどの新生児は泣きますが、激しい子はほかの赤ちゃんより、長く大きな声で泣きます。

私の生徒のなかに、とても激しい気質の息子をもっている人がいました。彼の泣き声が同じ病室の母親や赤ん坊を不安にさせるので、早く退院してほしいとお願いされるぐらいでした。一方、赤ん坊のなかにはとてもおとなしくて、泣き声も穏やかな子もいます。これらの激しさの違いは、生まれつきの気質によるものです。

気質は時がたっても変わらない

つまり、活発な赤ん坊なら、幼児になっても活発で、園児になっても、学齢期になっても活発だということです。よく泣く赤ん坊なら、おそらく幼児期は感情的で、園児期は激しく、言動が大げさな児童になるでしょう。

これがどういう意味をもつかというと、心配している子どもの行動が、発達段階より気質によって引き起こされているのなら、子どもが自然にその問題から脱却することはないということです。たとえば、とても用心深く、はじめての食べ物を口にしようとしない幼児なら、親がいくつかスキルを教えなければ、園児になっても、学齢期になっても、新しい食べ物を拒絶しつづけるでしょう。

気質が変化するのは、トラウマを引き起こすような出来事か、一貫した長期の親のあり方のみである

親の死や離婚、再婚、引っ越し、命を脅かすような出来事、虐待のようなトラウマを引き起こす出来事で変わる子どもがいるのは驚くことではありません。驚くのは、長期の親のあり方が、よきにせよ悪しき

にせよ子どもの性格に影響を与えるということです。どんなによい意図をもって行なったとしても、裏目に出ることがあります。

チェスとトーマスは、パメラの事例を報告しています。パメラはとても愛嬌があり、陽気で、反応がよく、適応性のある、一緒にいて楽しい子でした。パメラの親の子ども時代の体験は不愉快なものでした。それで彼らはパメラの生活を完璧なものにしようと努めました。ところが、パメラが7歳になるころには、親のよかれと思ったサポートは、パメラが必要な社会的、学問的なスキルを身につけるのを妨げることになったのです。

パメラはいい赤ちゃんでした。よく眠り、新しい食べ物をいやがらず、スケジュールの変化にもすばやく適応しました。適度に活動的で、外で走ることも、座って本を読むことも楽しみました。3歳のころは友だちとうまくいっていて、おもちゃを共有し、決して砂場でほかの子に砂を投げたりしませんでした。

家では、彼女の両親は何時間も彼女と一緒に遊び、両親は積極的に「おもちゃを片づけるのを手伝って」とか「これがすむまで少し待っていて」といった要求をすることはありませんでした。パメラがお母さんに絵を描いてみせると、お母さんは「すばらしい」と答え、新しい手品をやってみせると、お父さんは決まって「すごい」と言ったのです。彼女は自分のやることはすべて魅力的なのだという印象をもつことになりました。

幼稚園に行くようになると、彼女は先生からの指示を理解して従うことがうまくできず、小学校に入学するまでに、遊びのルールについてほとんど学んでいなかったので、ほかの子どもたちは彼女と一緒にいたがらなくなったのです。

7歳になると、彼女はまだ愛嬌のある子どもでしたが、だんだんひとりぼっちになっていきました。彼女は人を喜ばせたいと思いましたが、もうやり方がわかりませんでした。両親がなんでも受け入れて好きなようにさせてくれたために、彼女は他人のつくったルールを学んだり、他人とどう遊んだりしたらいいのかというスキルや、責任感を身につける方法を学ぶことができなくなっていたのです。

一方、次のジョンの例のように、同じように思いやりのある、一貫した親のあり方が、子どもの改善することが困難だと思われる行動を修正することができます。

ジョンは強烈な子で、長い時間大声で叫ぶか、大きな声で笑ったりしました。彼の新しい状況に対する反応は否定的なもので、計画が変更されると泣き叫びました。ジョンの自宅でのスケジュールは毎日変わり、誰も彼がいつお昼寝をするのか、どのくらい食べるのか予想できませんでした。彼は、強烈で、たいてい否定的で、不規則で、適応が遅いという気質をもっていたのです。

お母さんは忍耐強くジョンに接しました。ジョンが食料品店でイライラすると、彼女は、泣き叫び、手足をばたつかせるジョンを抱えて、会計をすませ、家へと帰りました。ジョンが不適切な行動をとったりだだをこねたりすると、一貫して毅然と静かにその場から連れ去るのでした。

お母さんは彼に、自分を落ちつかせる方法を教えました。少しずつジョンは慣れていき、かんしゃくがなくなっていきました。1年生になるころには、彼は自分で落胆する気持ちをコントロールすることができるようになり、社会的なスキルをもつ子どもになったのでした。

気質はよいものでも悪いものでもない

ある気質は、ある状況では役に立っても、別の状況で手に負えないこともあります。たとえば、忍耐力は、子どもが難しい数学の公式を暗記するときにはプラスになりますが、子どもが望ましくない行動に固執するときにはマイナスになります。打ち解けにくく新しい物や考えに抵抗を示すのは、仲間からのプレッシャーに抵抗するときには役立ちますが、新しい学校に転校するときには障害となります。

同じ気質でも人によって違ったふうに見られることもあります。

たとえば、活発の度合いが高いことは、エネルギー旺盛（プラス）とも、落ちつきがない（マイナス）ともとらえられます。また、活発の度合いが低いのは、冷静で落ちついているとも、怠惰で無気力ともとらえられます。

結局、気質はよいものでも悪いものでもありません。ある状況では役立つし、別の状況では妨げとなるものです。親に課せられた仕事は、子どもに自分の気質をうまく扱うスキルを与えることです。このことについては、あとでふれることにします。

☀——いくつかの気質が組み合わさっていることがある

全体の40パーセントは、扱いやすく順応性のある子どもです。扱いやすい子どもは身体的に穏やかで、適応力があり、楽しく、のんきで、規則正しい習慣をもっています。用心深い、内気な子どもは、全体の15パーセントです。このような子どもは一般に消極的で、気難しく、新しい物や状況に抵抗を示します。活発で扱いにくい子どもは全体の10パーセントです。このような子どもは激しく、物音に動揺したり、からだのリズムが不規則で、変化や新しい日課に順応するのに苦労します。彼らは極度に用心深いか、とても好奇心が強いかのどちらかです。

☀——組み合わせによっては、親にエネルギーが必要な子どもの気質がある

もしあなたの子どもが活発で、激しく、頑固で、用心深く、適応が遅いなら、身体的にも精神的にも穏やかで、気分転換がうまくでき、適応力のある子どもの場合にくらべると、あなたの生活は大変なものになるでしょう。

ジェシカはヘトヘトでした。2歳半の息子のライアンは活発で、頑固で、激しく、ジェシカを一日じゅう走りまわらせました。ジェシカは義理の妹のミシェルからたくさんアドバイスをもらいました。ミシェルは誰でも自分と同じようにやれば、そんなに多くの問題を抱えることはないのに、と感じていました。たとえば、ライアンを教会で静かに過ごさせるには、自分が娘のアヴァにするように、絵本とスナック菓子を持って行けばすむことよ、とジェシカに話したのです。

ある週末、ミシェルは、ジェシカたちが結婚式で出かける間、ライアンを預かることになり、自分の理論を試してみる機会が訪れました。ジェシカたちがもどってくると、ミシェルは「ジェシカ、謝るわ。子どもは違うのね。ライアンにはアヴァよりずっとエネルギーと忍耐力がいる。あなたがどうやってあんなに上手に扱っているかわからないわ。教会に絵本とスナックを持って行くというアイデアは失敗だったの。礼拝が始まるとすぐに、ライアンは床を這いまわってスナックを探しだすし、連れもどそうとすると泣き叫ぶしで、とてもきまりが悪かったわ」と言いました。

親子の気質の適合度

特徴のなかには、ある親にとってはほかの親より扱いやすいケースもあります。

ミーガンは私が知っている子どものなかで、一番活発な幼児でした。幸いにも、彼の母親のトレーシーもエネルギーが豊富でした。事実、トレーシーは自分のエネルギーが同僚の妨げにならないようにと、毎朝出勤前に運動していました。ミーガンと母親はうまく適合していました。

親のなかには、ある気質の特徴をもった子どもを育てるのに適している人もいます。次の2組のカップルの例で見ていきましょう。

リチャードとドナは2人とも学者で、口数も少なく、からだもあまり動かさないタイプでした。彼らは規則正しい生活が好きで、時間も正確でした。座って本を読むか、静かにトランプをやるのが何より好きでした。

一方、トムとリザは活動的でした。彼らはハイキングや、サイクリング、スキーなど絶えずからだを動かすことや、にぎやかで楽しいことが大好きでした。思いつきで何かをすることを楽しみ、突然気まぐれで計画を変更することも気になりませんでした。

この2組のカップルが、ほとんど同時期に第一子を授かりました。赤ん坊が生まれると、まるで親が交代したような子どもでした。つまり、親と正反対の子どもたちだったのです。

リチャードとドナの子どものジェイムズは、活発で、激しく、生活が規則正しくなかったのです。4時間眠る夜もあれば、10時間眠る夜もあります。2人はジェイムズがいつお乳を飲むか、眠るか予想できませんでした。大きくなると、絶えず動きまわりたがりました。彼の両親はジェイムズの激しさに疲れはて、規則正しい生活を乱されることにイライラがつのりました。

トムとリザのところには、マンディというかわいい女の子が生まれました。彼女はきゃしゃで、静かな子でした。新生児のころでさえ、泣くというよりすすり泣く感じでした。そしてすぐに規則正しい授乳や睡眠のリズムができました。

マンディは大きくなると、本を読んだり、絵を描いたりといった静かな活動を好みました。トムとリザが彼女をハイキングに連れだしても、マンディはのろのろ歩いたり、抱っこをねだって2人を困らせました。さらに、どこにいても室内での作業を好み、家で眠ったり食事をすることを望んで2人をイライラさせました。

この家族は、どちらも気質的に適合度がよいとは言えません。どちらも子どもを愛しているのですが、子どもの気質が親とは違っているのです。もし子どもの気質が反対だったら、適合度はずっとよくなったでしょう。

家族内での違い

気質は身体的な特徴と同じように、家族内でもさまざまに違います。子どもたちの外見が似ていて、気質の特徴も同じような家庭もあります。母方や父方の先祖に似て、背が低く色黒の子や背が高く色白の子がいる家庭もあります。活発で、激しく、頑固で、適応力が少ない子、適度に活発で、激しさの度合いもほどほどで、とても適応力があり、新しい経験にすばやくなじむ子などさまざまです。

違った気質をもった複数の子どもを育てるには、より多くの知恵が必要です。それぞれの子どもの気質を見て、望ましい大人になるにはどんなスキルが必要かを考え、計画を立てるときにはそれらを組み合わせる必要があります。

もしあなたの子どもの気質が、あなたにとって手に負えないものなら、ストレスが増し、エネルギーを低下させるでしょう。誰かのサポートを得て、休息の時間をとるのも役に立つでしょう。この章のセルフケアの項目でそのことについて少しふれていきます。

どのようにして気質をつきとめるか

子どもの気質をつきとめれば、必要なスキルを教え、あなたの期待を修正することができます。子どもの気質をつきとめるためには、まず10の気質を知り、あなたの子どもについて、それらの気質が強いか弱いか、ひとつずつチェックしてみましょう。

気質の特徴

10の気質の特徴を表にまとめてあります。それを参考に、自分の子どもの気質の特徴を見つけましょう。それがすんだら、あなた自身の気質を考え、自分と子どもとの相性を見ましょう。

1 **活発さの度合い**：身体的に活発か静かか
2 **適応性**：計画の変化にすぐに適応するか抵抗するか
3 **打ち解けやすさ**：知らない人や、場所、体験などに最初にどのように反応するか
4 **散漫**：気が散りにくいかすぐに気が散るか
5 **感情面の結びつき**：他人の感情に気づかないかすぐに察知するか
6 **激しさ**：とても激しく喜怒哀楽を表現するか激しくないか
7 **機嫌**：陰気か陽気か
8 **粘り強さ**：とても粘り強いかすぐにやめるか
9 **規則性**：生活が不規則か規則正しいか
10 **知覚認識**：音、光、接触、痛み、味、においなどにどのくらい敏感か

パートナーか子どもの世話をしてくれている人に、あなたの子どもをチェックしてもらい、あなたのチェックと比較するのも面白いでしょう。意見が異なることもありますし、同じ場合もあります。子どもの気質をつきとめたら、子どもがより成熟した大人になるために必要なスキルを考えましょう。

手に負えない気質に取り組む

手に負えない気質には、短期的な取り組みと長期的な取り組みの2つの戦略が必要です。短期的には、気質によって引き起こされている目の前の行動に対処する必要があります。長期的には、子どもが能力のある大人になるために必要なスキルを、どのように身につけさせるかプランを立てる必要があります。スター・ペアレンティングのプロセス、ポイント、ツールはこのどちらにも使えます。

目の前の問題に取り組む

問題行動のどの部分が気質にもとづいているかをつきとめたら、それを計画に加えます。たとえば、あなたの幼い子どもが粘り強いのなら、問題を避け、自制心を発達させることに取り組むのは簡単です。

グレタは1歳8カ月で、頭のよい粘り強い子どもです。座って繰り返し何度もパズルをすることができます。母親のリンが、グレタが同じパズルを何回やるか数えたら、22回もやっていました。しかし、グレタは、望ましくない行動も執拗に何度も繰り返します。

グレタが台所のテーブルの上に立ちはじめるまでは、物事はかなりうまくいっていました。リンは娘に、「足は床に、手はテーブルに」と説明し、娘を下ろそうとしましたが、グレタは何度もよじ登ろうとしました。リンは娘を別の部屋に連れて行きましたが、グレタはテーブルにもどってきます。リンがテーブルから椅子を離すと、グレタは椅子をテーブルのそばに押してきます。唯一効き目があったのは、テーブルを全部別の部屋に移すことでした。

子どもが粘り強い気質のときは、親は制限を設ける前に、「子どもが強く抵抗しても、本当にそのルールをやりとげられるだろうか？」と、注意深く考える必要があります。最後までやりとげられないなら、ルールをつくってはいけません。一度制限を設けたのに、それから譲歩すれば、子どもには、粘り強く反抗すれば親は折れるのだということを教えることになります。

ヘレン・ネヴィルは著書のなかで、さまざまな気質を扱うやり方を述べています。たとえば、激しい、適応の遅い子どもと暮らすための秘訣をこう書いています。

⊙激しさのスパイラルを避ける

子どもが激しくなってきたら、あなたは逆に落ちつきます。あなたが「やめなさい！」とか「静かにしなさい！」と叫べば、子どもの激しさはさらに増すだけです。

⊙子どもが激しさに折り合いをつけられるようにし向ける

歌を歌ったり、空想のお話をしたり、走ったりしてみる。

⊙場所や方法を変えるのが、子どもには難しいことだと予想するこのような子どもにとって、朝起きることも、新しいシャツを着ることもすべてが難しいことなのです。「朝ごはんを食べたら、幼稚園に行くよ」「お昼ご飯のあとお昼寝しようね」など、前もって次の行動について伝えて、イメージさせましょう。

⊙喜怒哀楽が激しいことを予期する

幼児期にかんしゃくを起こすのはよくあることです。愉快なことではないけれど、命を脅かすものではありません。親が落ちついていれば、しだいにおさまってきます。親が簡単に折れると、子どもは家庭を支配するようになります。

⊙行動を変える前にイメージを変える

このような子どもは生まれつき計画的です。どんなことが起きてほしいかを心に描いています。行動を変える前に、子どものそのイメージを変えなければなりません。心に描く状況を変えるには時間が必要です。

⊙規則やいつもの約束事はくつろいだ気分にさせる

このような子どもは、よく知っている規則やいつもの約束事が予定どおりに行なわれるのが好きです。一日を乗りきるアイデアに加え、あなたは最終的に子どもにどんなスキルが必要かを考えなければなりません。

☀――子どもにどんなスキルが必要かを考える

大人になって社会で生きていくためには、どんなスキルが必要でしょうか。もし子どもの活発さの度合いが非常に高ければ、エネルギーを発散する方法を知ることが必要でしょう。エネルギーが少ない子は、頑張って、きびきび歩いたり、健康を保つために必要な運動をすることを学ぶ必要があります。同様に、激しい子は自分を落ちつかせるツールが必要です。激しさの度合いが低ければ、ほかの人に聞こえるように大きな声で話すことを学ぶ必要があります。

●さまざまな気質に必要と思われるスキル

特徴	高い	低い
活発さの度合い	高い—エネルギーを発散する。からだの一部を動かす。上手に休憩をとる。	低い—規則的に運動する（一緒に散歩に行く）。頑張って続ける。
適応性	高い—賢い行動かどうか反省させる。また、ほかの人だけでなく、自分自身のケアもする。	低い—自分を落ちつかせるためのツール
打ち解けやすさ	好奇心—「これは安全？」とたずねる。	慎重—「気持ちよく感じるには、何が必要か？」とたずねる。または、自分に「少ししたら気持ちよくなる」と言い聞かせる。
散漫	高い—気が散る要因をつきとめ、取りのぞく。	低い—自分で中断する時間とまわりをチェックする時間を設定する。
感情面の結びつき	自分に対して強い—「これはどのくらい重要か？」と自問する。 他人に対して強い—他人の感情と自分の感情を区別する。	自分に対して弱い—「私はどんな気分？」「これはイライラすること？」と自問する。 他人に対して弱い—顔、声の調子、言葉、しぐさなどから、感情の手がかりを探す。
激しさ	高い—自分を落ちつかせるためのツール	低い—自分を主張するためのツール

機嫌	陽気―他人の機嫌に敏感になる。	無愛想―明るい面を探す。
粘り強さ	高い―「これは時間を合理的に（一番うまく）使っているか？」と自問する。	低い―自分をやる気にさせる（ほうびを与える）目標を設定する。やることを少しずつ、やりやすいように分ける。
規則性	高い―安全地帯から外へ踏みだす。	低い―空腹時に必要なら、余分にスナック菓子を持って行く。
知覚認識	高い―強い刺激を減らす方法。耳栓、サングラスなど。	低い―まわりにあるものに気づき、大きさを1～10までランクづけする練習をする。

☀―どのようにして気質を変えるか

どの気質にも変える機会と可能性はあります。

活発な子どもを消極的な子に変えたり、激しい子どもを穏やかな子にはできませんが、少しだけ緩和するようなスキルを身につけさせることはできます。

第一歩は、親が子どもの気質をつきとめることです。

次に、子どもがどんなスキルを必要としているか検討し、最後に子どもにそのスキルを教えます。気質にもとづいた行動を変えるには、数日や数週間ではなく、何カ月も何年もかかることを心にとめておいてください。

次のアネットの例を読んでみましょう。

アネットの息子のデビッドは、新しいことをやるのをとてもいやがりました。彼女は息子がからだを動かすことが得意な子になってほしいと思っていましたが、彼は無関心でした。彼女は、息子が積極的になるだろうと期待して幼稚園の体操のクラスに入れましたが、ほかの子と一緒に体操をするのをいやがり、家に帰りたがりました。

アネットは目標を見なおしました。彼女はデビッドが身体的に健康で、新しい環境になじんでほしいと思っていました。それで活動を増やすプロセスを細かく分け、彼に新しい環境でも心地よく感じるために必要なスキルを教えることにしました。そのために、デビッドの友だちのアンディを巻きこみました。

アンディも、活発の度合いは低かったのですが、新しいことにはアンディよりも進んで取り組む子でした。アネットの計画は、2人が一緒にからだを動かすことが気分がいいと思えるように仕向けることでした。それで、次の学期に2人を一緒に体操のクラスに入れました。

また、アネットは2人の助けが「必要な」ちょっとした計画を企てました。最初の計画は、ガレージの隅にあるレンガの山を塀のところまで運ぶことでした。2人が運び終えると、彼女は「2人とも一生懸命働いてくれて、とても助かったわ。クッキーを焼いてあげましょう」と言ってほめました。

彼女は徐々に仕事を難しくしていき、最終的に自分は手を引きました。

アネットは子どもに身につけさせる2つのスキルを、独り言を言うことと、友だちと出かけることだと決めました。

彼女は独り言のお手本を示すことから始めました。クッキーを焼くとき、「新しいレシピを使うのは少し心配だけど、何度かやってみれば、楽になるでしょう」とか、「はじめてだから、心配なだけ。何度かやれば、新しくも怖くもなくなるわ。慣れてきて簡単になるはず」と独り言を言いました。

アネットは、友だちと一緒に習いごとに行くことも手本で示しました。「編み物教室に行くことにしたわ。ずっと習いたいと思っていたけど、ひとりで行くのが怖かったの。今度は友だちのシャロンと一緒に行くことにする」。

次の学期が始まるまでには、デビッドは体操のクラスを楽しみにするようになっていました。

アネットは、デビッドにはどんなスキルが必要かを決めてから、彼がそのスキルを学べるような体験をさせはじめました。あなたの子どもの気質に必要なスキルをリストアップしてみましょう。

長期的な展望

価値観や、子どもの発達段階や気質を知って、あなたの期待を明確にしたら、子どもの将来のために長期的な展望を立てることが簡単になり、エネルギーも節約することができます。

◎◎◎…………長期的な展望とは？

長期の展望とは、あなたの子どもが将来――小学校に入学する、中学校に入学する、キャンプに行く、家を出る、大学に行く、就職する、といったとき、どのように成長していてほしいかという長期的な展望をもつことです。

なぜ長期の展望を立てるのでしょうか？

答えは簡単です。時間とエネルギーの節約になるからです。長期的な展望があれば、「子どもにとっての長期的な目標に近づくためには、私はこの状況にどう対応すればいいのだろうか？」と自問することができます。

◎◎◎…………見通しを立てる

―どのように見通しを立てるか？

あなたの子どもが大人になったときを想像し、どんな人間になっていてほしいかを書きとめましょう。

―価値観をはっきりさせる

子どもにのばしてほしい特徴をリストアップします。

☀――気質を考える

子どもの気質の特徴を探り、あなたが大切だと思う特徴を身につけさせるのが簡単か難しいかを考えましょう。

☀――子どもの年齢を考える

あなたの長期的な目標に近づくためのやり方は、子どもの発達段階の行動をサポートしていますか?

☀――あなたの子どもの長期的な展望を書きとめる

次の表では、エイミーが息子のエリックのために立てた長期的な目標を右に、その目標を身につけさせるためのワークシートを左に示してあります。

子どもによって目標もさまざまに違ってきます。ユニークな気質の長男に求めるものと、まったく違った気質の次男や娘に求めるものとはおのずと違ってくるでしょう。

エリックのためのエイミーの長期的な目標

＊責任感がある
ほかの人から、信頼され、頼りにされる。与えられた仕事を最後までやりとげる。
＊思いやりがある
人の気持ちがわかり、ほかの人にやさしく接する。
＊柔軟性がある
さまざまな観点から物事を見て、予期せぬ変化にも適応できる。

エリックのための長期目標のワークシート

次に書かれているのはエリックが5歳のときエイミーがまとめた考えです。

価値観：私は息子に次のような特徴をもってほしい。

⊙責任感　⊙柔軟性

⊙思いやり　⊙寛大

⊙決断力

気質：私が息子のために立てた目標に影響を与える息子の気質の特徴

⊙粘り強い――仕上げるまで与えられた仕事をやり通す。

⊙中程度の適応性――環境に適応するのが少し難しいが、なんとかできる。

⊙知覚認識が低い――人や音に気づかない。そのため問題解決のための手がかりをつかみにくい。

発達段階の仕事：息子の発達段階の仕事が、私の立てた目標にどう関連しているか。

子どもの現在の年齢：5歳

発達段階の仕事：力と自分というものを理解すること

長期の展望に影響を及ぼしそうな発達段階の仕事：

⊙自分自身を思いやりがあると見る必要がある（自己の確立）。

⊙他人を敬い、自分の力を使う方法を見つける必要がある。

長期的な展望を使って何をするのか？

あなた自身のプランを立てましょう

あなたが望むように子どもが成長するには、どんな親であることが必要かを考えます。それから自分自身の長所と短所を見なおし、子どものどんなところをのばす必要があるか見てみます。たとえば、もしあなたが子どもに新しい人や場所になじんでほしいと思っていても、あなた自身も子どもも内気だとすれば、あなたは自ら安全地帯から踏みだし、あなたの子どもがうまく新しい環境に適応するために必要な方法を発見しなければなりません。

自分の行動パターンに気づく

生活が大変なとき、親は時として非生産的な習慣に陥りがちです。

アニータは息子のイライラを見たくないので、宿題を手伝っていました。

アンジーは、娘のエマが学校に行くのに、ひとりで歩いて行かせるのではなく、自分が送って行く習慣に陥っていました。

アンドリューは子どもたちが言いつけられた仕事を終えていないのに、外に遊びに行かせていました。

確かに、親がたまに失敗をするくらいなら、たいしたことはないでしょう。それでも、あなたの行動パターンに注目し、それが子どもに正しいメッセージを送っているかどうかチェックする必要があります。

あなたの目標を書きとめる

子どもとあなた自身の長期の目標を書きとめ、時々見えるような場所に貼っておきましょう。日記帳でも、ベッドのそばでも、机の引き出しのなかでも、それを見て「私は何をしているのだろう?」と自問できるのがいいでしょう。

☀――望ましい行動の芽生えに気づき、それを育てる

あなたの娘が誰かのためにドアを開けてあげたら、「スミスさんのために、ドアを開けておいてあげたね。やさしいね」とほめます。息子が単語のスペルをほとんど間違えずに書けたら、「今週は本当によく勉強したね。努力が報われたね」と言ってほめてあげます。

☀――子どもが、あなたが重んじる価値観をもつ大人になったところを想像する

もしあなたが学問的な成功に価値をおいているなら、子どもが大学を卒業するところを想像します。もし思いやりに価値をおくなら、お年寄りに親切な子どもの姿を想像します。もしあなたが寛大さに価値をおくなら、障害のある人を助けるための団体をつくっている姿を心に描きます。

☀――長期的な目標を毎年見なおす

自分の価値観が時をへて変わっていることに気づく場合があります。また、目標は同じでも、それに近づく方法を変える必要がある場合もあります。毎年元日や、子どもの誕生日など、ある決めた日に、長期的な目標を見なおしましょう。

ここでは、価値観、気質、発達段階についての情報を取り入れて、長期的な目標をつくり、それを親の仕事にどのように生かすかを見てきました。次は、親自身のセルフケアと、それが親としての体験にどのように影響を与えるかについて、簡単に見ていきます。

セルフケア

親は身体的にも精神的にもとても疲れるものです。上手に身体的、精神的なセルフケアをすれば、子育てがずっと楽になるでしょう。

食事、運動、睡眠を十分に

食事、運動、睡眠はとても大切です。疲れていて、空腹で、ストレスを感じているとき、子どもはいっそうあなたを試してきます。あなたに明快に考えるエネルギーも、規則を守り通すエネルギーもないときは、子どもはどうしていいかわからず、あなたは腹を立てるかもしれません。自分の現実的な欲求を把握すれば、そのような事態は避けられます。欲求を満たすためには、外での活動を減らしたり、家事の水準を落としたりする必要があるでしょう。

今までの経験から、睡眠が何より大事だと思います。十分に睡眠をとることが、親の仕事を効果的に行なうために一番大切なセルフケアです。睡眠時間が足りないと、怒りっぽく、子どもへの小言が多くなります。十分に睡眠をとっていれば、落ちついて物事に取り組む精神的なエネルギーを保つことができ、状況について考え、アイデアを思いつき、問題解決に有効な方法で行動することができます。

サポートしてくれる人

からだが休まっていると感じているときでも、親であることは精神的に疲れるものです。自分の感情を上手に発散する方法が必要でしょう。そうしないと、子どもをどなったり、問題から逃げたくなったりするかもしれません。

心の平安を保つために、サポートしてくれる友だちのネットワークづくりをしたり、自分にできることとできないことを現実的に見つめ、必要に応じてためらわずに一休みすることです。

家族や友人が批判的で要求が多いなら、サポートしてくれる友人を探しましょう。幼稚園や、教会のグループ、公民館、公園などでほかの親たちに出会えます。ベビーシッターを頼んだり、子どもを一緒に遊ばせるグループを始めるのも役に立つでしょう。そのようにして大人の友だちや、たまに子守りをしてくれる人を見つけましょう。

何か楽しいことをする

たいていの親は、自分が楽しめることが何かあれば、それは、親としての仕事にも効果的だとわかっています。縫い物、ガーデニング、大工仕事、スポーツのような趣味でもいいし、ゆったりと花の香りをかいだり、水槽の熱帯魚を見るといった単純なことでもいいのです。大切なのは、そうすることで、あなたが満足感や心の平安を得る、ということです。このようなことを、時折の「わがまま」としてではなく、毎日規則的にやりましょう。

☀——肯定的な独り言とイメージ

私たちが独り言を言うときに使っている言葉は、子どもの行動や子どもに対する反応に影響を与えます。あなたが「私は悪い母親だ」とか「この子は手に負えない」と言えば、そのような状況をつくりだしてしまいます。そうではなく成功へと自分自身を仕向けるのです。エリンの話でこれがわかります。

私は毎朝目を開ける前に、できるだけ長く（1〜10分）横になって、肯定的な独り言、たとえば「私はいい母親。私は3歳のクロエと6歳のコーディを愛している」などと言いながら、気分を静めます。

私はそれぞれの子どもの好きなところを自分に言い聞かせます。

子どもたちを迎えに学校へ行くときは、時間どおりに到着するように、リラックスしてゆっくりと歩き、歩いている間、忍耐強く、注意深い自分でいる様子を心に描きます。

また、一日じゅう微笑み、子どもに向かって穏やかに、誠実に、愛情深く話しかけている姿を心に描きます。

夜、遅くまで起きているとき、私は鏡に向かって「私は疲れているときも辛抱強く、やさしくできる」「私は子どもたちを尊重し、愛している。私は朝起きたら子どもたちに微笑みかけ、私が彼らを自慢に思う理由を1つか2つ話そう」と自分に言い聞かせます。

驚いたことに、私が起きる前に精神を統一する時間をとるようになってから、物事はずっとうまくいくようになったのです。

自分の成長に焦点を当てる

肯定的な独り言をあなたの学びや進歩に焦点を当てたものにするのもひとつの方法です。ルースは自分の成長をこう報告しています。

子どものころ、母が私に腹を立てたときは、倒れるほどきつく叩かれていました。私は娘のメロディーをしっかりとした、やさしいやり方で導く方法を学ぼうと努めています。最初のころ、私はメロディーを傷つけたり、どなったりするたびに、ひどくいやな気分になり、私はなんて悪い母親だろうと自分に言っていました。

やがて、私は「私は親としてのやり方がだんだんうまくなってきている。使えるツールもあるし、使い方もうまくなってきた」と独り言が言えるようになりました。そして、本当にそうなのです。私がスター・ペアレンティングを始めたころは、少なくとも1日に1回はメロディーをどなりつけたり、週に2、3回は叩いたりしていましたが、今ではメロディーを叩かなくなって1年以上になるし、どなるのもおさまってきました。

自分の時間をつくる

誰もが休息を必要としています。親が自分の時間を見つける方法をいくつか紹介しましょう。

◎助けてもらう

子どもたちが2人とも4歳になる前は、私は驚くほど2人にイラついていました。私は子どもたちを愛していたし、一緒に過ごすのを楽しんでいました。精神的にこたえたのは、幼い子どもの世話がとんでもなく大変だったことです。

私の母が、私の誕生日に3カ月のヨガのクラスの会員証をくれました。私は夫に、週に2日、彼が仕事に行く前に、私がヨガのクラスに行けるように、子どもたちの面倒を見てほしいと頼みました。夫は承知しました。規則的に運動するようになったからか、子どもと離れる時間ができたせいなのかわかりませんが、効果があり、前ほどイライラしなくなりました。

◎ベビーシッターのグループに参加する

子どもたちが小さいころ、私はよく怒りました。実際には子どもたちは何も悪いことはしていなかったのに、ただただ一日じゅう音を立て動きまわるのに耐えられなかったのです。私の不機嫌は、夜、夫が帰ってきても続き、気をつけないと次の日まで持ち越しました。

私が怒りをコントロールする講座に参加しなければ、どのくらい続いたかわかりません。私は怒りの「種」を見つめることを学びました。また、一休みする時間が必要なことを発見しました。

近所にベビーシッターのグループがあったので、それに参加しました。私はほかの子どもを2人合わせた4人の子どもの面倒を見るのも、2人の子どもの世話をするのも大差がないことがわかり、ほかのお母さんに休む時間をあげるのはとても大切だと思いました。そして、順番に自分が一休みできる時間がくるのを楽しみに待つことができました。

◎ベビーシッターの費用のために余分な物をインターネットのオークションに出す

ジルの家はとても狭いのですが、親戚に子どものものをプレゼントしたがる人がいました。そんなにたくさんいりませんと言ってもやめません。それで、いただいてから3カ月したら、使わないおもちゃは売ることにすると伝えました。これは効果がありました。親戚は自由におもちゃを譲ってもいいと言い、ジルは家のなかのおもちゃの数を制限できます。おもちゃを売ったお金でベビーシッターを雇うこともできました。

◎子どもを交換して散歩に連れだす

近所の人と私は、夕食前の時間がどんなにぞっとするか、よくぐちをこぼしていました。何かできることがないかと冗談っぽく話したあと、私たちは子どもたちを交換して夕食前にちょっと散歩に連れて行き、様子を見てみることに決めました。私たちは散歩から帰ってから、15分自由な時間をとって、夕食の準備を始める前に好きなことをする、というルールをつくりました。

◎週に1日の朝と数カ月に1度の週末を交換する

私はハイキングが好きですが、2人の幼い子どもにはまだ無理です。私はある友だちと取引をしました。私は彼女がある講座を受けられるように、週に1日朝、子どもを預かります。代わりに彼女は、4カ月に一度、週末に私の子どもを預かってくれます。4カ月に一度、子どもを連れないでひとりでハイキングに行くことは、本当に私をホッとさせました。

◎子どもが昼寝をしている間に楽しいことをする

私は、双子の子どもたちがお昼寝をしている間に、家の掃除、洗濯、お風呂場の掃除、ほかの家事などをしていました。ある日私は、娘たちを寝かしつけたあと、とてもイライラしていたので、座って自分を落ちつかせるために本を読みはじめました。私は2人が眠っている間じゅう本を読んでいました。すばらしくのんびりした気分になったので、家事の水準を落とし、娘たちにできることをさせようと決めました。このようにして、私は娘たちの昼寝の時間を自分の時間に使うことができるようになりました。

◎休みの時間を予定する

妻のジェニーと私はスキーが大好きです。子どもが生まれる前は、ほとんど週末ごとにスキーに行っていました。子どもたちはかわいいけれども、もうスキーができないと思うと、妻も私も腹が立ちました。少し考えて、私たちは2人が満足するスケジュールを思いつきました。毎月初めの週末はジェニーがスキーに行き私が子どもたちの世話をする、次の週末は私がスキーに行ってジェニーが子どもたちの面倒を見るのです。3週目は一緒にスキーに行けるようにベビーシッターを雇います。そして4週目は子どもたちと一緒に過ごします。こうして私たちは4週のうち3週はスキーができます。さらに、ベビーシッターの費用は月に一度だけですみます。うまい解決法でしょう！

ここまでサポートの方法、前向きな独り言、自分の時間を見つけることについて見てきました。自分のケアをすることは大切ですが、適切な親としてのツールをもっていなければ、親のあり方そのものをよくすることはないということを心にとめておきましょう。

第2部

スター・ペアレンティングの5つのポイントと15のツール

第4章 問題を避ける

●問題を避けるツール

- ⊙状況を変える
- ⊙ストレスを減らす
- ⊙代案を2つ出す

スター・ペアレンティングの5つのポイントのうち、まず「問題を避ける」から始めましょう。これが親にとって一番簡単な方法で、すぐに結果が表われるからです。

「問題を避ける」の3つのツール「状況を変える」「ストレスを減らす」「代案を2つ出す」を見ていく前

に、いくつか頭に入れておいてほしいことがあります。

「予防は治療に勝る（転ばぬ先の杖）」ということわざの意味は、何か起きてから対処するのではなく、普段から予防することが大切だということです。これは、あらゆる年代の子ども、特に幼い子どもにかかわっている人々にぜひ心にとめておいてほしいことです。

こぼれたミルクを拭きたくなければ、コップにはこぼさない程度のミルクを注ぐこと。幼児が葉っぱを引き抜かない場所に植木を移動すること。医者に連れて行くときには、時間がかかっても退屈しないように、おやつやおもちゃや本を持って行くこと、などです。

これを計画と呼ぼうと、予防と呼ぼうといいのですが、「問題を避ける」ことは、子どもがつくりだす問題に対応するよりは、ずっと簡単だということです。

ベスは次のようにしてイライラする問題を避けました。


4歳のとき、娘はしょっちゅう靴を買ってもらいたがりました。靴売り場を通るたびに、娘は「ママ、ママ、靴がほしい」と叫ぶのです。新しい靴は必要ないと説明しても、なんの効果もありません。やがて、私は靴売り場を避ける賢いやり方を生みだしました。靴売り場と反対側の通路を歩くか、娘が靴売り場に気づかないように会話を続けたのです。

親教育のクラスで、ある男性が「あなたは問題を避けていませんか？」とたずねてきました。

「ええ、そうです。私の娘はたくさんの問題を引き起こしますが、私は自分と子どもにとって大切だと思う問題だけに、時間とエネルギーを注ぎたいのです」と答えました。

問題を避けるための最初の段階は、問題を予想することです。二番目は、問題を避ける方法を考えること、そして三番目は、問題を避けることが適切かどうか、見きわめることです。

起こりうる問題をつきとめる

まず、子どもの気質と発達段階を確かめましょう。問題が起こりやすい時間と状況がわかってきます。次に、あなたが抱えている問題をリストアップし、避けることができるのはどれかを考え、そのための効果的な方法を選びます。

それぞれの発達段階で起こる問題は、行動にも影響を与える

ある年齢で起きるだろうと予想できる問題があります。第1部で見てきたさまざまな発達段階で起きる典型的な問題をおさらいしてみましょう。

1歳半までの幼児はようやく自制心が発達しはじめたばかりで、親の要求に従うことはあてにできません。走りまわったり、禁じられたものにさわったり、イライラして叩いたりします。

3歳までの幼児は自制心を身につけていこうとする段階で、自分の感情をようやく理解しコントロールしはじめたところです。自分のほしいものが手に入らないとかんしゃくを起こしがちです。避けたほうがいいかんしゃくもあれば、放っておいてよいものもあります。子どもは「いやだ」と言って、ほかの人と分け合いたがらなかったり、自分のやり方を主張したがります。

3〜6歳の園児は、自分自身について力関係を学んでいるところです。どんなことも今まで以上に上手にできるようになり、自分の力を親に示したがります。友だちに対しても、「ぼくは君の家来じゃない」とか「ぼくの誕生パーティーに招待してあげない」とか「君よりたくさんおもちゃを持っている」などと言ったりします。また、現実と空想の違いがまだよくわかりません。

6〜12歳の学童は、世間の価値観がどのようなものか見はじめます。ルールをつくりたがり、すべてのことを公平にしたがり、「お母さんのつくったクッキーよりジョッシュのママのクッキーのほうが好き」とか「なぜ、毎日ベッドメイキングしなければならないの？　ジョッシュはしなくていいのに」などとよく言います。

気質が問題に与える影響

気質とは生まれつきもっている性格の特徴で、子どもの気質は親が直面する問題に大きな影響を与えます。第1部で、気質について細かく説明しましたが、気質には、穏やか、のんき、執着心が強い、強烈、頑固などがあります。次に、4人の親が、気質が子どもの態度にいかに重要な役割を果たしているかを具体的に語っています。

◎好奇心（強い）

買ってきた卵を、冷蔵庫のそばの椅子の上に置いたまま電話に出ました。もどってくると、2歳半の息子のデビッドが床の上で卵を割っていました。「何をしているの」とたずねると、デビッドは「ヒヨコを探していた」と答えました。息子が何に対しても好奇心を示すことを考えると、卵を椅子の上に置いたまましていたのは、あまり賢いやり方ではありませんでした。

◎**執着心（強い）**

4歳のジェイコブは、とても辛抱強く、上手に問題を解決し、何かほしいものがあるときには絶対に途中であきらめません。今日は物入れの一番上の棚にしまっていたゲームをやりたがりました。私はその要求を無視しました。その後、彼が台所から子ども用の椅子を運んでいるのを見つけ、あとをついて行ってみると、彼は物入れのドアを開け、台所の椅子の上に子ども用の椅子を積み重ねていました。椅子に上ってゲームをとろうとたくらんでいたのです。彼の執着心を考えると、こうなるだろうと予想すべきでした。私は、執着心はすぐれた大人の気質であると、自分に言い聞かせなければなりませんでした。

◎**適応性（弱い）**

3歳のアビーはお気に入りの毛布に執着しています。私たちは、彼女のおばあちゃんの85歳の誕生日を祝うために老人ホームに行きました。到着すると、たくさんの人がいて、見るもの聞くものすべてがアビーにははじめてでした。お気に入りの毛布をほしがりましたが、家に置いてきていました。老人ホームにいる間じゅう、アビーは私の足の間に頭を押しこんでぐずぐず言って毛布をせがみました。アビーにとってなじみのないところに行くときは、お気に入りの毛布を持ってくるべきだったのです。

◎**行動のレベル（弱い）**

私は、ほかの親たちが自分の子どもがどんなに活発かぐちを言うのをよく聞きます。私は反対の問題を抱えています。私はハイキングが大好きですが7歳の息子のウィリーは読書が大好きで、からだを動かすことで唯一好きなのは水泳です。私の誕生日に、家族で一緒に湖までハイキングに行って泳ぐ計画を立てました。湖で泳ぐという計画はウィリーの心を動かすだろうと考えたのです。でも間違いでした。20〜30分ぐらいのハイキングコースなのにぐずぐず文句を言いつづけ、到着するのに1時間もかかったのです。

予想できる問題の避け方

次の表で、親が子どもの年齢と気質に合わせた対応をすることで、どのようにしてイライラする状況を避けることができたか見ていきましょう。

子ども	挑戦的な行動	避け方
デビッド　2歳半 好奇心旺盛	卵を割る。	状況を変える：電話に出る前に卵を片づけるか、カウンターの奥にしまう。電話を台所に移す。
ジェイコブ　4歳 執着心が強い	ほしいゲームをとるために椅子を積み重ねる。	物を片づける：ゲームを彼の知らないところにしまう。
アビー　3歳 適応力が少ない	知らない人が大勢いるところでは不安がる。	ストレスを減らす：大勢の人がいないときにおばあちゃんを見舞うか、お気に入りの毛布を持参する。両方行なう。
ウィリー　7歳 活発でない	遠くまで歩きたがらない。	期待を変える：5〜6分おきに休憩することにする。あらかじめ予定を伝える：ハイキングが、「セサミストリート」くらいの時間がかかることを言い含めておく。そして着いたら楽しいことが待っていることも伝える。

いつどんなときに問題を避けたらよいのか？

問題を避けるのは役に立つスキルです。そして、ほかの多くのツールと同じように、欠点もあります。「問題を避ける」を実践しようと考えたら、次の2つの点を自問してみましょう。

①私は将来手に負えなくなりそうな前例をつくりだしているのではないか？
②私は発達段階に合ったスキルを教えるのを避けているのではないか？

これらが次の2つの状況に、どう当てはまるか見てみましょう。

まず、この章のはじめのお話、お母さんが靴売り場を避けたときの状況を考えてみましょう。

⊙お母さんは手に負えなくなりそうな前例をつくりだしたでしょうか？
いいえ、子どもはお母さんの行動に気づいていませんでした。そして、この行動は将来何の問題も引き起こしません。

⊙お母さんは子どもに必要なことを教えるのを避けたのでしょうか？
おそらく違います。子どもが「必要」と「欲求」の違いを学ぶ機会はほかにいくらでもあります。

次に、アンドレアの子どもが公共の場でかんしゃくを起こしそうになったときの状況を見てみましょう。

アンドレアは、２人の子ども（2歳のアイザックと4歳のイザベラ）をいとこの誕生日プレゼントを買うためにおもちゃ屋さんへ連れて行きました。プレゼント選びは予想していたより時間がかかり、イザベラはトイレへ行きたがり、アイザックは展示してあったおもちゃの電車セットで遊ぶのをやめません。今にも起こりそうなかんしゃくを避けるため、アンドレアはアイザックに電車セットを買ってやり、イザベラをトイレに連れて行きました。

⊙アンドレアはやっかいな前例をつくりだしたでしょうか？

そうです。２歳の子どものかんしゃくを避けるために、おもちゃの電車セットを買ってやったのは、よくない前例をつくったことになります。

⊙アンドレアは、子どもに必要なことを教えるのを避けたのでしょうか？

２歳児の仕事は、自分の感情に対処する方法を学ぶことです。お母さんがいつもこのようにかんしゃくを避けているのであれば、子どもに自分の感情に対処する方法を教えるのを避けていることになるでしょう。

どの親も時折、肉体的にも精神的にも疲れきっていて、対処しなければならない状況を直視するのを避けることがあります。子どもたちは親に向かって長い間多くの挑戦をつきつけます。あなたはそのうちのいくつかには対応し、ほかのことは放っておいてもかまいません。

もしあなたが、あらゆる問題を避けるか、ある特定の問題を避けていると思うなら、自分のおかれた状況を見つめ、何が起こっているかを見きわめることが大切です。あなたは休息か、新しいスキルか、子どもが発達段階に応じて学ぶのを手助けしてくれる人を必要としているのではありませんか？

問題を避ける目的は、重要な問題に取り組むためにイライラする回数を減らすことです。多くの問題は、状況を変えたり、ストレスを減らしたり、代案を２つ出す（選択肢を与える）ことで避けることができます。これらのツールについて順番に見ていきましょう。

問題を避けるツール１：状況を変える

これから状況を変える３つの方法を見ていきます。環境やスケジュール（タイミング）、期待を変えることで、問題を避けることができます。

これが簡単にできて効果がある問題には、２つのタイプがあります。たとえば朝出かけるときや、夕食の準備のときなど、毎日一定の時間になると起きる問題と、テレビやおもちゃ、お気に入りのカップなど特定の物について起きる問題です。

環境を変える

物を加えたり、減らしたり、場所を変えることで、環境を変えることができます。

もし幼児がガラスの置物がお気に入りなら、手の届かない場所に移しましょう。4歳の子どもが帽子を失くしてばかりいるなら、フードつきのコートを買えばいいのです。2歳の子どもが積み木をうまく使えずかんしゃくを起こしているなら、しまいこむか、組み立て式のブロックと取り替えましょう。

就学前の園児たちがフェルトペンの取り合いをしているなら、ひとりに1セットずつ与えましょう。10歳の子どもが汚れた服を洗濯物置場まで持ってこないなら、子ども部屋に洗濯かごを置きましょう。

環境を変えるということは、けんかのもとになっているものをすべて人数分それぞれにいつも与えるというのではなく、2、3個与えて子どもを取りまく環境を変えるということです。何かを足すか、動かすか、置き換えることで環境を変えることができるのです。

環境に加える

子どもが従いやすく協力しやすいものを加えます。

台所の包丁を入れる引き出しに、子どもが開けられないように鍵を取りつける。

なんでも自分でやりたがる幼児が、ひとりで靴をはけるように面ファスナーのついた靴を買う。

夏に子どもがぐっすりお昼寝できるように、濃い色のブラインドかカーテンを取りつける。

フェルトペンを、待たずに自分の好きな色を使え、自由にお絵かきできるぐらい準備する。

子どもがお腹をすかせていたり、夕食が遅くなりそうなときは健康によいおやつを与える。

子どもがコートを自分でかけられるように、ドアにコートかけを取りつける。

環境から取りのぞく

これは多くの親が自動的にやっていることです。たとえば、子どもが部屋のなかでドラムをガンガン叩いていたら、親は耳なりがおさまるまでドラムを片づけるでしょう。また、幼児におもちゃのハンマーで叩かれたら、それを取り上げます。また、多くの親は、子どもが宿題をしているときは、気が散らないようにテレビを消します。

あらかじめ物を取りのぞいておくのもいいでしょう。たとえば、多くの親が気づいていることですが、子どもはおもちゃの数が少ないほど、長く創造力を働かせて遊ぶのです。奇妙に思えるかもしれませんが、多くの子どもにとって有効です。おもちゃの半分か3分の2をしまっておき、2~3週間か、2~3カ月おきに入れ替える親もいます。

環境を変える

優秀な幼稚園の先生のなかには、このテクニックをマスターしている人が多くいます。教室で子どもたちを観察し、問題がなくなるように環境を変えるのです。

ケイシーは担当している幼稚園のクラスで、次のようなことを行ないました。

ケイシーは、2歳半~3歳半の非常に活発な子どもたちのクラスを担当しています。外での遊び時間が終わったら、教室に歩いて入ってきてゲームをすることになっていますが、「教室のなかでは歩く」というルールは無視され、子どもたちは走って入り、部屋のなかをかけまわります。

それでケイシーは、ドアのそばに子どもが走らないように注意書きを貼りました（環境に加える）。子どもたちは、注意書きのそばを通るときはゆっくり歩くのですが、教室のなかに入るとまたすぐに走りまわるのです。

それでケイシーは、入り口に1メートル20センチの低い本棚を移動しました。本棚があることで、子どもたちはT字路のように右か左に分かれて入らなければならなくなりました。本棚を動かすことで（環境を変える）、ケイシーは子どもたちが教室で走りまわるという行動をなくすことができたのです。

どのようにアイデアを見つけるか？

経験、魔法、空想を分けて考えましょう。

経験は試行錯誤から生まれます。

たとえば、エイミーの娘たちはフェルトペンを奪い合っていました。それで、エイミーはもう1セット買って、娘たちが使いやすいようにかごのなかにペンを全部入れました。娘たちの争いがまた始まりました。「このペンはいや、先がつぶれている」。エイミーは別の手を考えました。今度はペンを2セットとステッカーを買い、上の娘にはペンと子猫のステッカーを、下の娘にはペンとうさぎのステッカーを渡しました。2人とも自分のペンにステッカーを貼り、それでどのペンが誰のものだかはっきりしました。

アイデアを考えるのに苦労しているときは、魔法、空想が役に立つでしょう。

たとえばケイシーは、子どもたちが外で遊んだあと、落ちつかせるのに苦労していたとき、こう考えました。「もし私が魔法使いなら、どうやって子どもたちを落ちつかせるだろう？」と。最初にひらめいたのは、子どもたちが歩きまわらなければならない「山をつくる」ことでした。ケイシーは少し考えて、本棚が山の代わりになるのでは、と考えました。

スケジュールを変える

あることを早めにするか、遅くするか、まったくやらないかで、スケジュールを変えることができます。たとえば、息子たちがお父さんとレスリングをしたあと、眠るのに苦労しているのなら、その日課を変えればいいのです。お父さんとレスリングをするのは夕食前にして、寝る前は静かな読書の時間にします。

毎朝子どもたちを起こしてから、食事をさせ、着替えさせるのに時間がかかるのなら、目覚ましを20～30分早めにかけておきましょう。または、前の日の夜のうちにお弁当をつくっておくなど、朝やることを減らします。

学齢期の子どもが、家に帰ってすぐ宿題にとりかからないのなら、宿題をやる前に20～30分、外でエネルギーを発散させてみて、それがうまくいくかどうか見てみましょう。

人は時に、あまりにも多くのことをやろうとして物事がうまくいかなくなることがあります。ある賢明な女性はこう言いました。「どんなことでもやれるけど、すべてやれるわけではない」と。

たとえば、私は、息子の誕生前後の数年間、ガールスカウトのリーダーをしていました。でも、娘が生まれたあとはリーダーをあきらめました。息子と新生児を抱えて、すべての責任を果たせないことがわかっていたからです。また、娘が学校に行くようになったら、ガールスカウトの活動を再開することもできるのだから、と自分に言い聞かせました。

期待を変える

状況を変える一番簡単なやり方は、自分の期待を変えることです。子どもや自分に対する期待を見なおしてみます。その際は、自分の価値観や子どもの発達段階、気質を考慮に入れましょう。

子どもに対する期待を考えなおす

親は子どもの行動のペースが遅いとイライラします。

⊙着替えるのが遅い、食べるのが遅い、起きるのが遅い。
⊙歯磨きをぐずぐずする（したがらない）。
⊙駐車場までの道にあるものをなんでも見たがり、車に乗るのに時間がかかる。
⊙おもちゃをさっさと片づけないで、遊びつづける。
⊙なかなか寝ない。
⊙言いつけられた仕事をしない。
⊙車のベビーシートに乗りたがらない。
⊙おむつを替えるのをいやがる。

⊙宿題をせずぼんやりしている。
⊙長電話をする。
⊙ピアノの練習をさぼる。
⊙友だちの家から帰るのが遅れる。
⊙お風呂のお湯を抜いたあとも、浴槽でぐずぐずしている。

このようにのんびりするのは、発達段階によるものや、気質のため、親の関心を引きたいため（第5章「よい行動を見つける」参照）だったりすることがあります。子どもたち、特に幼児は行動がゆっくりです。親は自分が3分で着替えられるのだから、子どももできると考えがちです。また、子どもが5分で着替えられたことがあるのだから、いつもそうできるだろうと期待しがちです。子どもはスローペースなのだと肝に銘じ、それに応じた計画を立てましょう。

発達段階は、子どもの行動のスピードにいくつかの点で影響を与えます。

まず、幼い子どもは大人より行動に時間がかかります。

次に、一度何かができたからいつでもできるかというと、違います。どんな発達段階でも、繰り返し同じことをやってマスターしていきます。そして前進したり後退したりしながら進歩していくのです。

たとえば、ある日パズルができても、次の日はできないことがあります。ある晩完璧に九九が言えても、次の日には言えないこともあるでしょう。

また、スピードより発達段階に必要なものが優先されることもあります。独立心を身につけることが優先事項なら、すばやくやることより、自分のやり方でやることのほうが大切です。

子どもの気質もまた、親の思いどおりの速度で進まない理由になります。子どもの適応能力が低く執着心が強ければ、子どもを大人の計画に合わせさせるのは難しいでしょうし、子どもが注意力散漫なら、今やっていることをやり終えてから次の行動にという親の願いとは逆に、途中でやめてしまうかもしれません。第3章の気質のところをもう一度読みなおしてください。

ふさわしくない期待に対処するひとつのやり方は、その期待を捨てることです。子どもがスローペースなら、早く行動することを期待するのをやめて、「立ち止まってバラの香りをかぐ」ことにしましょう。

また、期待することができるように、新しいスキルを教える方法もあります。すぐに気をそらす子なら、集中しつづけるスキルを教える計画を立てましょう。ポイント「新しいスキルを教える」のツールが使えます。

発達段階によって変わる行動や気質の特徴を変えるのは、時間も努力も必要です。

自分自身の期待を考えなおす

私たちは自分に対して期待をもっているし、他人からの自分への期待もあるでしょう。ふさわしい期待もあれば、そうでないものもあります。何が一番重要なものかを決めるのは勇気がいります。第3章で取り上げた価値観を振り返ってみましょう。

何かのスケジュールをずらす必要があることもあります。しゃれた食事、家の掃除、残業、家の改装、スポーツチームに入る、聖歌隊で歌うなどのスケジュールの変更です。自分に一番の喜びをもたらすものは何か、自分の価値観の中心となるのは何かを考え、それを最優先しましょう。それ以外のことは後まわしにするのです。

リズは冬休みが大好きで、子どもたちのために完璧なクリスマスにしたいと思っていました。自分たちで切り出したモミの木ですてきなクリスマス・ツリーをつくったり、きれいに包装した贈り物を準備したり、靴下にはプレゼントを詰めこみ、きれいなクリスマスのクッキーをたくさん用意し、クリスマス・リースや家の内外を飾りつけ、かわいいクリスマス・カードを送ったりすることなどです。

完璧なクリスマスという重荷が彼女の肩に重くのしかかりました。毎年毎年、夫や子どもたちのためのクリスマス・ディナーの用意ができないと、イライラがつのってきました。彼女はやっと、完璧なクリスマスを家族みんなが望んでいるのではないことに気づきました。何が自分にとって一番大切なのかを見なおし、クリスマスへの期待を大幅に縮小したのです。

リズは完璧な準備から楽しく参加することへと変更しました。

家族は、近所で売っている、家にぴったりな木を選び、クリスマス・クッキーを焼き、クリスマス・キャロルを歌うことにしました。リズはプレゼントも大幅に減らし、クリスマス・カードは送らないことにしました。完璧なクリスマスをやめるのはつらいことでしたが、つつましい計画のほうが実際はずっと楽しいことに気づいたのです。前よりストレスが減り、クリスマスは怒りと腹立ちから楽しみと期待へと変化したのです。

問題を避けるツール2：ストレスを減らす

問題を避ける2つ目のやり方は、ストレスを減らすことです。大人も子どももストレスが多いと、問題に対処する方法が少なくなります。かんしゃくが起き、さらに物事が悪化します。

子どもたちは、大人と同様、空腹のとき、疲れたとき、無視されたと感じたとき、変化を恐れるときに、より扱いにくくなります。子どもに食事を与え、休ませ、運動させることで、あなたが直面している多くの問題を減らすことができます。

次のトレーシーの話から、ストレスがどのような影響を及ぼしているかがわかるでしょう。

幼稚園の先生のトレーシーは、4歳のニコルが無愛想で気まぐれな態度をとることが気がかりでした。トレーシーは少しずつニコルと気持ちを通じ合わせ、ニコルがシングルマザーのリザと2人暮らしで、リザは長時間働き、学校にも通っていて、自分と娘の生活を支えるのに精いっぱいなことがわかりました。リザが働いたり学校へ行っている間、ニコルは毎日6つの違う場所に預けられていたのです。

幼稚園が始まる時間まで保育所に、その保育所に行く車が迎えに来るまでは近所の家、午前中は幼稚園、その後別の場所でお昼ご飯を食べ、また別の保育所へ、その後近くの家に預けられ、お母さんが迎えに来るのを待つ、という生活を送っていたのです。
トレーシーは、この子が不機嫌になるのは当たり前だと思いました。毎日、6組の大人、6組の子どもたち、6つの規則に自分を合わせなければならないのです。大人の私たちでもそれらすべてに対処するのは難しいでしょう。トレーシーは工夫して、ニコルが2つの保育所だけで過ごせるように調整することができました。すると、あちこち移動したり、それぞれの規則に従うストレスが減ったため、ニコルはかわいい少女になりました。

ストレスはいろいろなところで起こります。ふさわしくない期待、日常生活の出来事、思い過ごしや考えすぎからも生じます。

ストレスに気づく

問題は、大人のストレスからも、子どものストレスからも、それが組み合わさっても生じます。「HITの原則」は、ストレスの正体をつきとめるのに役立つでしょう。「HITの原則」とは、子どもは空腹のとき、無視されたと感じるとき、疲れているとき、ストレスを感じているときに問題を起こすというものです。ある母親は、このように「HITの原則」を使います。叫びたくなったり、子どもを叩きたくなったら、誰かおなかがすいていないか、無視されていないか、疲れていないか、ストレスを感じていないか、チェックするのです。もしそうなら、状況に反応する前にそれに対応します。

幼児や園児は幼すぎてストレスを感じないと思う親もいます。そうではありません。子どもたちは変化への適応を求められると、ストレスを感じます。ある場所から別の場所への移動、兄弟や新しい親ができたり、いなくなったりすること、引っ越しなどで、普通はストレスを感じます。

大人から何を期待されているのかを探りだそうとするときも、ストレスを感じます。これは特に活発な子、個性の強い子、のんびりした子に当てはまります。言葉を覚えはじめ、必要なスキルを身につけはじめたばかりだからです。

何かをやっているさいちゅうに移動したり、ある場所を行き来したりすることは、多くの子どもにとってはストレスになります。特に、適応力が低い子どもは、たとえ楽しい出来事であっても、ちょっとした変化や日々の日課さえストレスに感じます。

子どもにとって最大のストレスの要因は、親のストレスです。

子どもは親のストレスを感じとります。これは不幸なことです。私たちが子どもに一番協力してほしいとき、子どもの要求が強くなることが多いのです。

運動の時間をつくる

運動は親子のストレスを減らすすばらしい方法です。寒いときや雨の日でも、からだをたくさん動かすことは、子どもがストレスを発散するのに役に立ちます。子どもは走る、泳ぐ、踊る、山登りなど、からだを大きく自由に動かすことが大切です。体操教室などが役立つこともありますが、すべての子どもが同時に同じことをしなければならない場合が多く、待ち時間も多いため、ストレスを増加させることもあります。

子どもにからだを動かさせることで効果のあった例をいくつか紹介しましょう。

⊙毎日、晴れの日も雨の日も、家のまわりを走ります。雨具を買わなければなりませんでしたが、十分その価値はありました。

⊙娘は2歳のころから飛び跳ねるのが好きです。私たちはトランポリンを買ってリビングの隅に置きました。娘は毎日のようにそれを使います。外出した日や、トランポリンのことを忘れていた日の夜などは、いつもよりずっと運動量が増えます。

⊙夫が帰ってくると、子どもたちを外に連れだしてボール蹴りをします。走りまわって夢中でボールを蹴って、ばか騒ぎをするのです。夫は子どもたちにサッカーを教えるつもりはありません。子どもたちが楽しく運動できれば満足なのです。

⊙わが家ではダンスの時間があります。レコードをかけ、好きなように踊ります。たまにはスカーフを使ったり、ドレスアップして踊ることもありますが、普通はただ行進したり動きまわるだけです。

⊙私は雨の日に外にいるのは好きではないので、地区のスポーツセンターやショッピングセンターに行きます。私がきびきびと歩くと、息子は走ったり、早足になったりしてついてきます。このお出かけで、私のストレスも大幅に減りました。

◎◎◎……期待を明らかにする

幼い子どもは世界を大人とはまったく違うふうに見ています。この違いは、子どもに想像力や経験が足りないためです。

質問と命令を区別する

「コートは着たね。車に乗ろうか?」とか「もう出かけたい?」と言うと、子どもは混乱します。たいていの子どもは、質問を文字どおりに受け止め、おそらく「いやだ」と言うでしょう。

選択させたいときは質問します。行動させたいときは断言しましょう。

親はまた、要求の最後に「それでいい?」とつけ加えることで、コントロールすることを放棄します。「公園から帰る時間よ。いい?」と言えば、この「いい?」が断言を質問へと変化させます。これで、子どもは「いやだ、まだ遊びたい」と言うことが可能になるのです。選択の意味で言うのならそれでいいのですが、すぐに帰らせたいのなら、「いい?」は混乱を招くので使うのをやめ、「帰る時間よ」とだけ伝えましょう。

自由な選択と限定された選択を区別する

子どもに自由に選ばせたいときは、好きなものをなんでも言わせます。限定された選択をさせるときは、選択肢を与えます。

たとえば、子どもに朝ご飯に何を食べたいかとたずねたら、自由な選択を与えたことになり、子どもは本当に食べたいもの、たとえばアイスクリームとかピザと答えるでしょう。限定された選択の場合は、朝ご飯にはゆで卵がいいか、目玉焼きがいいか、とたずねます。

☀――選択を導きだす

限られたなかから選択させるとき、子どもはどれもいやだと言う可能性もあります。

たとえば、幼い娘に「もう寝る時間よ。ピンクのパジャマにする？　紫のパジャマにする？」とたずね、娘が「両方いやだ」と言ったら、質問を変えます。

「どのパジャマにするか自分で選ぶ？　それともお母さんが選ぶ？」と言ってみます。それでも娘が「いやだ」と言ったら、「わかった、今夜はお母さんに選んでほしいのね」と言います。

同様に、息子に「寝る時間よ。歩いてベッドまで行く？　運んでほしい？」と聞いて、息子が「いやだ」と言ったら、「わかった。ベッドまで運んでほしいのね」と答えます。

☀――親への協力を期待する

親が子どもに「もし…なら、～」という言い方をすることで、子どもが期待どおりの行動をとらなくてもいいと思っているというメッセージを子どもに送っている場合があります。たとえば、「もし自分の部屋をきれいにしたら、お隣で遊ぶことができる」などです。子どもは部屋を片づけるのがめんどうだったら、ごほうびなしですませることでしょう。

「おばあさんのルール」を使えば、子どもが期待どおりの行動をとる確率を高めることができます。「おばあさんのルール」は、子どもが親の期待にこたえることをルールにします。「…のときは、～」と言うのです。「部屋をきれいにしたときは、お隣で遊んでいいよ」。つまり、部屋をきれいにしなければお隣では遊べません。部屋をきれいにしてほしいという期待が明確になります。

☀——目を合わせ簡単に言う

子どもに話しかけるときは、子どもの目線に合わせてからだを低くし、簡単な文章で話しましょう。床に座って話をしているのを、立っている大人に見下ろされた経験があれば、見上げることがどんなに不愉快かわかるでしょう。

期待を明確にするときには、子どもの年齢に合わせて文章の長さを変えます。

幼児には、一語か二語で「おいで。ここに座って」とか、「そっとさわって」など。

園児にはもう少し長い文を使い、2つの内容に限定します。「ここに座って。靴をはかせてあげる」とか、「手を洗って。お昼ご飯を食べるよ」など。

就学前の子どもには3つの命令を使えます。「台所へ行って。ママの財布をとってきて。ママにちょうだい」。

期待を明確にしたいときは、簡単な言葉を使いましょう。子どもの言語スキルを増やすために、いろいろな言葉や文章を使うのは別の機会にしましょう。

もっと大きな子どもに対しても、期待を明らかにする必要があります。部屋のなかを急いで歩きながら、「おもちゃを片づけなさい。晩ご飯の前に手を洗いなさい」と言っていませんか。

子どもたちが「うーん」と答えたとしても、本当のコミュニケーションにはなっていないのです。子どもはお母さんの言うことを、単なる雑音だと思っているかもしれません。

また、お母さんは、自分の言葉の意味が子どもにきちんと伝わっていると思っていますが、実はそうではありません。

期待を明らかにする

お母さんは、子どもに今すぐ遊びをやめて片づけてほしいのか、それとも夕食前に片づけてほしいのか？夕食前でもいいのなら、子どもはいつ片づける必要があるのか、どのようにしてわかるでしょう。さらに、片づけるのは自分のおもちゃだけなのか、使ったものだけなのか、おもちゃ箱の外に出ているもの全部なのか？

子どもはあなたの言うことを文字どおり聞くのであって、あなたの言葉の意味することを聞くのではないということを覚えておいてください。明確にする必要があることは、デイブの話で明らかです。

デイブの4歳の娘カリは、遊ぶ部屋で物を食べたがります。家族で、まず親の許可を得ること、そして食べ終わるまで食事用のシートの上にいること、というルールをつくりました。カリはデイブに「遊ぶ部屋で食べていい？」と聞き、デイブは「いいよ。食べている間シートの上にいるんだよ」と答えました。

カリは「はい」と答えました。

あるとき、カリが部屋に行く前に、デイブは彼女がちゃんと理解しているか確認しなければ、と思いました。しゃがんで娘に、「トーストを手に持ったまま、テレビを見に行ったらどうなる?」と聞きました。娘がわからなかったので、デイブは「トーストを取り上げて、シートも畳むよ」と答えました。

さらに、「手にトーストを持ったまま、窓の外を見に行ったらどうなる?」と聞きました。娘はまたわからなかったので、デイブは「トーストを取り上げて、シートも畳むよ」と答えました。

三度目の質問「トーストを手に持ったまま、本棚のところへ行ったらどうなる?」に対して、カリは「パパはトーストを取り上げ、シートを畳む」と答えたのです。

「よし」とデイブは答えました。

デイブはこのやりとりを思い返し、カリが、自分の行動によって何が起こるかわかっていないことに驚きました。カリは2年近く遊ぶ部屋で食べる許可を求めてきたのですが、ルールの意味を本当に理解していないことは明らかでした。同じことを繰り返し言うことが、自分のほしいものが手に入る魔法の鍵だったのです。

デイブは、子どもはわかっているように見えても、本当は親の期待を理解していないことに気づきました。

次に、お母さんが夕食を食べるときに、子どもへの期待をどのように明らかにするといいかを見てみましょう。

お母さんは息子のそばにひざまずき、息子の名前を呼んで注意を引きつけ、自分の望みを説明します。「もうすぐ晩ご飯ができるよ。5分したらタイマーが鳴る。タイマーが鳴ったら、おもちゃを全部片づけて、晩ご飯を食べるから手を洗って。わかった？」

もし息子が「うん」と言ったら、理解したかどうかチェックします。「いいわ。タイマーが鳴ったら、どうするの？」。理解していたら、息子は「おもちゃを片づけて、手を洗う」と答えるでしょう。

……これから起こることをあらかじめ伝える

子どもの反抗的な態度は、何を期待したらいいのか、不幸なときにどうしたらいいのかが、わからないために起こることがあります。

はじめて体験することを予告するのです。たとえば、医者に行く、誕生パーティーに行く、サリー大叔母さんを訪問する、そして食料品店に行くとか、おばあちゃんのところに行くといった日常的なことも同じです。

予告するというのは、出来事を説明し、期待を明確にし（子どもが何を期待され、何をするのを許されるか）、感情を説明し（どんな気分になるか）、それに対処する方法（その気分にどうやったら対応できるか）を示すことです。

病院へ定期健診に行く場合、どのようにするかを見てみましょう。

◎出来事を説明する

まず、待合室に入るよ。待合室には椅子や雑誌やおもちゃがある。待合室には人がたくさんいるときもあるし、少ないときもある。

◎期待を明確にする

静かに座ってお医者さんに見てもらう順番を待つ。ほかに誰もいないなら、待合室を歩きまわってもいいよ。置いてあるおもちゃで遊んでもいいし、持って行った自分のおもちゃで遊んでもいい。

◎感情を説明する

待っている間は退屈でそわそわするかもしれない。

◎対処する方法を提示する

退屈で落ちつかなかったら、教えてね。何かやってもいいことを見つける手伝いをするから。

次は、診察室を繰り返し訪れる場合です。

◎出来事を説明する

私たちの番がきたら、看護師さんが診察室に案内してくれる。熱や血圧をはかったりする。お医者さんが来て、目のなかをのぞいたり、心臓の音を聞いたり、ひざを叩いたりする。からだのあちこちをつついたり、つねったりすることもある。お医者さんの診察がすんだら、病気にかからないように看護師さんが注射をすることもある。

◎期待を明確にする

お医者さんや看護師さんが検査している間、診察台の上でじっと座っていなければならないよ。

◎感情を説明する

お医者さんや看護婦さんがからだをつついたら不愉快で、心配で、怖くなるかもしれない。たいていの人が誰かにからだをつつかれたらそう感じる。

◎対処する方法を提示する

不愉快な気分になったら、落ちつくように深呼吸して、ママに手を握ってと頼んでもいい。

もしその行事の予定の日まで数日あるのなら、参考になる本を読んだり、当初の想定と違ったことが起こりそうな場合は、子どもが対応できるように予告を変えてもいいでしょう。

予告することは、新しい体験に備えるのにとても役立ちます。特に新しい状況に適応するのが遅かったり、居心地が悪く感じる子どもにとってはそうです。

……問題を避けるツール３：代案を２つ出す

これはすべての年代の子どもにとって、もっとも有効なツールのひとつです。

多くの衝突やかんしゃくは、子どもにプラスの選択肢を与えることで避けられます。子どもに、ただ「だめ」と言うだけでなく、どこでならできるのか、何ができるのかを言うようにします。たとえば、「ソファの上で飛び跳ねたらだめ」ではなく、「床の上で飛び跳ねるか、ソファに座るかしてね」と言い換えます。この選択肢を与えることで、子どもは何ができるかわかるのです。

選択肢を与えたくても考えつかないという親もいます。もし代案を示すことが難しいという場合は、子どもの問題を避けるのは難しいでしょう。

……選択肢を見つける

場所や時間、物、行動を変えることでアイデアがわくことがあります。

いつどこでなら、その行動をとってもいいか、または、子どもがその場所でほかに何ができるかを考えます。

妹がお昼寝しているときに玄関でドラムを叩いてはだめ。でも、こんなことならできるよ。

⊙玄関で本を読む（行動を変える）

⊙地下室でドラムを叩く（場所を変える）

⊙妹が起きたらドラムを叩く（時間を変える）

お家のなかでブロックを投げてはだめ。でも、こんなことならできるよ。

⊙ウレタンのボールを投げる（物を変える）

⊙外でブロックを投げる（場所を変える）
⊙ブロックで塔をつくる（行動を変える）
床の上に水をまいてはだめ。でも、こんなことならできるよ。
⊙水を台所の流し台に流す（場所を変える）
⊙水を飲む（行動を変える）
⊙お母さんが床掃除をするとき、水を床にまく（時間を変える）

このツールは、年長の子どもにも効き目があります。アンジェラと十代の息子の話です。


アンジェラがある晩、外出の準備をしていると、十代の息子のダニエルがアンジェラの外出に気づき、だしぬけに「ママ、今晩は車は使えないよ」と言いだしました。

アンジェラは「カレンダーには、あなたが使うと書いてなかったけど」と答えました。

ダニエルはさらに、「わかっている。書くのを忘れたんだ。でも今晩は車を使いたいんだ。野球を見に行きたいから」と言います。

アンジェラは少し考えました。「あなたは自分が使うとカレンダーに書かなかったけど、私は書いた。だから私が使う」と言って、規則を押しつけることもできました。でも、アンジェラは息子に選択肢を与えてみようと思いました。

「一晩じゅう車を使うことはできないよ。私を途中で降ろして、帰りに迎えにきてくれるか、バスで行くかにして」

ダニエルは少し考えてから、「ちょっと待って。上着をとってくる。途中で降ろしてあげる」と言いました。

子どもに肯定的な選択肢を与えることで、いくつかのことが起こります。ひとつは、子どもが自分が尊重され理解されたと感じます。そして2つ目に、考え方を建設的なものに変えさせるのです。

次に、問題を避けるためにツールをどのように使えばいいのか見てみます。また、多くのことは交渉の余地があることも教えましょう。

「代案を2つ出す」ことを微調整する

「代案を2つ出す」は強力なツールです。今起きている問題を減らすだけでなく、子どもに自分の要求が満たされるやり方がいくつかあることを教えられるからです。

やがて、子どもは自分で代案を探すようになるでしょう。

しかし、代案が有効なためには、出された選択肢が子どもに効き目がある必要があります。

☀――「代案」は2つとも子どもができることか？

親はよく、子どもができない選択を与えることがあります。子どもがまだそこまで発達していないか、それをやる手段がないか、状況が他人の支配下にあるかで、できないことがあるのです。

◎親やほかの人に頼る選択

子どもは外に出て鳥を見たがっています。

鳥の本を読んでやるか（読書能力があるか本を持っているかしだい）、姉の持っているぬいぐるみの鳥で遊ぶ（姉の協力しだい）。

◎2つの代案

鳥の本を読むか、「鳥のダンス」を踊れるよ（読書能力もありダンスも踊れる場合）。

☀――その選択は、子どもの要求の別の部分も満たしているか？

子どもの要求で、どれが一番重要なのかを見きわめるのが難しい場合があります。

オリビアが台所に来て「赤いコップにジュースを注いで」と頼みました。赤いコップは食器洗い機に入っていました。お母さんは、オリビアはジュースがほしいのだと思い、「ジュースを青いコップで飲む？　黄色いコップにする？」と聞きました。オリビアはわっと泣きだし、「赤いコップでジュースを飲む！」と言ったのです。

お母さんは深呼吸して考えました。

どの要素がもっとも重要なのか？　ジュースか、赤いコップか、タイミングか。

少し考えて、それから選択肢を言い換えました。「オリビア、赤いコップは食器洗い機のなかだから、今青いコップでジュースを飲む？　それとも食器洗いが終わってから赤いコップで飲む？」

今度はオリビアが考える番です。今ジュースを飲みたいのか、あとで赤いコップで飲みたいのか、どちらの気持ちが強いのでしょうか？　オリビアは「今、青いコップでジュースを飲む」ことにしました。


オリビアが何を望んでいるかが明確になるような違った選択肢を与えることで、オリビアは選択をすることができました。

プラスの選択は軋轢を弱めることが多い

どちらもプラスの選択か？

「代案を2つ出す」は、ポイント「限度を設ける」の「結末を引き受けさせる」と同じで、子どもが従わなかったときにどうなるかをはっきり示します。違いは、「結末を引き受けさせる」は、子どもにとって心地よいか心地よくないかのどちらかを選ばせることです。2つの代案は、2つとも心地よい案か親子にとって受け入れられる案です。

お母さんは、アンディが友だちのブライアンと人形劇を見に行く前に、おもちゃを片づけてほしいと思っています。アンディは人形劇を楽しみにしていました。お母さんはアンディに、おもちゃを片づけなきゃ、と言いますが、アンディは無視します。

◎結末を引き受けさせる

出かける前におもちゃを片づけなさい。ブライアンが来る2時までにおもちゃが片づいていなければ、人形劇には行かず、家にいなさい。

◎代案を2つ出す

おもちゃで遊びつづけて人形劇はやめる？　それとも2時までにおもちゃを片づけて人形劇を見に行く？

「代案を2つ出す」のいいところは、子どもに自分の欲求が満たされるさまざまなやり方があることを教えることです。

「代案を2つ出す」の方法は、十代の子どもにも、夫婦間にも、不満を抱く客にも効果的に使われてきました。最大のポイントは、気持ちを静めて、相手が何を求めているかを見きわめることです。

スター・ペアレンティングでは、問題を避けるために、「状況を変える」「ストレスを減らす」「代案を2つ出す」という3つの方法を使います。あなたが何度も同じように起きる問題を抱えているなら、その問題にこの3つのツールのどれかを当てはめられないか考えてみてください。

次の表は、3つの違った状況で3つのツールをすべて使った対処法を示しています。

状況	状況を変える	ストレスを減らす	代案を2つ出す
幼児がテレビのリモコンで遊びたがる。	テレビとリモコンにカバーをかける。（環境を変える）	十分に食事と睡眠をとらせる。	「古いラジオで遊ぶか、ママとパパがテレビをつけたときはチャンネルを変えてもいいよ」と言う。
4歳の子どもが夕食の準備のときにニンジンを切りたがる。	子どもが保育園にいる間に夕食の準備をする。（時間を変える）	子どもがあまりイライラしないようにスナック菓子を与える。	「ニンジンの皮をむくか、バナナを切ってもいいよ」と言う。（1つ目の選択肢はニンジンに、2つ目は切ることに焦点を当てている）
10歳の子どもが、学校やいろいろな活動で疲れていて、家ではテレビを見ることしかしない。	テレビを見られないようにクローゼットにしまって、テレビの存在を忘れさせる。（環境から取りのぞく）	子どもが疲れすぎないように、かかわっている活動を減らす。	「宿題をすませたあとか、ママがクッキーをつくるのを手伝ってくれたらテレビを見ていいよ」と言う。

この章では、問題を避ける3つの方法を見てきました。

問題を避けることは子どもにかかわる大人にとって大切なスキルですが、上手に使う必要があります。怒りのようなきちんと向き合わなければならない問題を避けると、子どもが怒りの感情にどのように対処するかという、必要なスキルを学ぶ機会を奪うことになります。それによって将来、あなたや子どもの欲求不満を生みだすことにもなります。

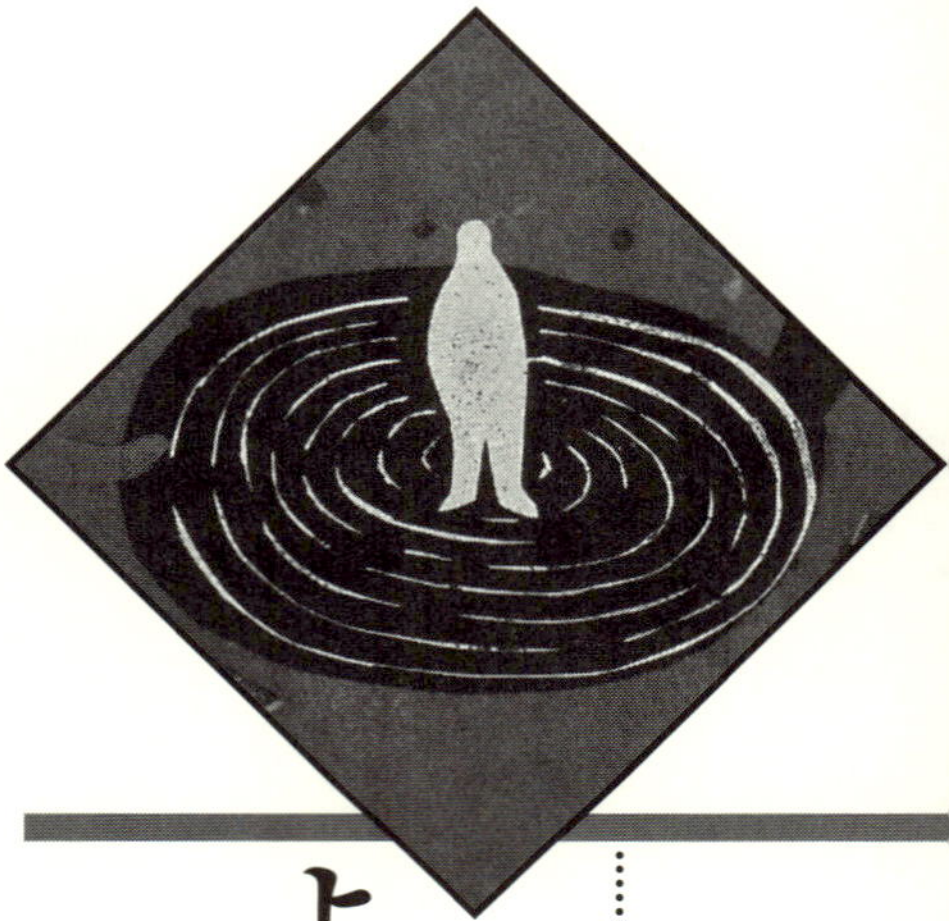

第5章　よい行動を見つける

◉よい行動を見つけるツール

⊙注目する
⊙ほめる
⊙ほうびをあげる

子どもを認めるのは、子どもにほうびをあげることよりもっと大切で必要なことです。もし子どもの行動を変えたいと思うなら、適切な行動に気づき、それに対して何か言葉をかけるように親が自分を訓練することが重要です。望まない行動にばかり目を向けていると、その行動がますます増えていくのと同じように、望ましい行動に目を向けていくと、その行動が増えていきます。ジェニーの心温まるお話を見てみましょう。

私は何年もの間、4歳と8歳の息子たちは2人で楽しく遊ぶべきだと思っていました。私は「兄弟にはやさしくすること」と言って、規則をかたくなに押しつけてきましたが、何の変化も見られません。スター・ペアレンティングの講座を受けたとき、私は学んだことを実行に移し、ちょっとしたやさしい行為にも何か言葉をかけようと決めました。2、3日たつと、目に見えて変化が起こりました。1週間ほどして上の子が「ママはぼくたちがいい子にしているのが本当に好きなんだね」と言ったのです。本当にうれしかった。

ジェニーがずっと息子たちに仲よく遊ぶように言ってきたことより、2人が仲よくしているときにそのことを告げることのほうが、影響力が大きかったのです。

よい行動に気づいていることを子どもに伝えるときには、注目する、ほめる、ほうびをあげるといった形をとります。これらのツールを見ていく前に、人は人とつながりたいと願っていることについて考えてみましょう。

☀——**人は人とつながりたい**

人がほかの人とつながりたいという欲求は基本的なものです。それが子どもと親を結びつけています。虐待する親に対してもそうです。十代の子が悪いとわかっていても非行に走るのも、大人が給料が低くなっても新しい仕事を求めるのもそのためです。子どもは親とつながるためには、自分たちがしなければならないことをするでしょう。

次のマンガでどのように物事が運ぶか見てみましょう。

パパ、絵本読んでくれる？
あとで。忙しいのがわからないのか？
SPORTS
MY FAVORITE PICTURE BOOK
犬をいじめるのはやめなさい。
子どもは関心を引けないと、別のやり方で引こうとする。

マンガの続きは、「今すぐ犬をいじめるのをやめないと、後悔するぞ。3つ数えるうちにやめないと、部屋へ連れて行くからな」というお父さんのセリフです。

子どもはこのやりとりから何を学んだでしょう？　お父さんは子どもが絵本を読んでとていねいに頼んだときに注目したでしょうか？　いいえ、お父さんは息子が犬の尻尾をひっぱったことだけに注目しました。その結果、次に息子がお父さんに注目してほしいと思ったときに、彼は絵本を読んでと頼むでしょうか、それとも犬の尻尾をひっぱるでしょうか？

子どもがどのように親の関心を引くかは、親

パパ、絵本読んで。
あとで。
疲れているんだ。
時間が経過する
時間が経過する
あとでと言っただろ。
でも、約束したよ。
NEXT HIGHLIGHTS, FROM TODAYS GAME

出典：*Magic Tools for Raising Kids* by Elizabeth Crary, 1995

の手に握られているのです。もしあなたの子どもが、どうしたらあなたの関心を引くことができるかをよく知っているとしたら、すばらしいことです。子どもの基本的な欲求が満たされるからです。ところが、親にとってはイライラのもとになることがあります。というのは、親の望まない行動を促進する場合があるからです。

☀——子どもにどのように注意を引いてほしいか？

あなたは子どもから離れてひとりになりたいと思っているのに、子どものほうは注目を得たいと思っているとき、子どもにどのようにしてほしいですか？

私はスター・ペアレンティングのクラスでいつも、親たちに、子どもにどのようにしてほしいかたずね、みんなで意見を述べ合います。

あるクラスでひとりの母親が、子どもたちに「今、話しても大丈夫？」と一言言ってから、続けて話してほしいと言いました。次に発言した彼女の夫は、自分のところに来て、シャツの袖をひっぱってほしいと思うと言いました。彼の妻は首を振って、「だから、子どもたちは私にそうするのね」と言いました。

自分がどうしてほしいかを考えたら、パートナーや友人に伝えることも大切です。

あなたがどのように注意を喚起してほしいかを決めて、子どもたちに伝え、彼らの要求を尊重するなら、あなた自身と子どもたちのイライラがかなり減らせるでしょう。

あなたの言うことがあなたの得ること

2人の子どもが部屋じゅう散らかして遊んでいるところへ入って行ったときのあなたの反応で、子どもたちは何があなたにとって大切かを知ります。あなたは「この散らかりようを見て。きちんと遊べないの?」とも、「まあ、あなたたちは一緒に仲よく遊んでいて、とても楽しそうね」とも言うことができます。子どもたちはあなたの言葉から、あなたにとって何が大切なのかを判断します。子どもの行動を変えたいと思うなら、よい行動を探し、それについて言葉にしましょう。

「よい」行動を見つける方法とは?

私たちは自分のことで忙しいか、子どものどの行動に注目するかを明確にしていないため、子どものよい行動を見過ごしがちです。

よい行動を見つける方法はいくつかあります。よい行動を見つけだす時間をつくる、ほかの人に子どものよい行動を探してもらう、よその子どものよいと思う行動を探す、子どもが能力をもっているところを心に描く、あなたの望んでいることを探すなどです。

よい行動を探す時間をつくる

私たちは予定がつまっていて、次々とこなしていかなければならないことがたくさんあるのですが、子どものよい行動を探すための時間をとっておきましょう。よい行動を探すために1日でも、1時間でも、30分でも確保しましょう。あなたが探している特徴や行動のリストをつくります。探すときには、できれば子どもが何をしているか見えるぐらいのところに立ちますが、子どもがそれによって行動を変えるかもしれないほど近くにいてはいけません。

先生か、友人か、親戚に聞く

子どもが適切な行動をとったとき、教えてもらいます。家庭での子どもとのやりとりでは否定的な感情ばかりがつのって、プラスの面が見えにくくなっている場合があります。また、子どもが外では行儀がよくても、家ではいたずらだったりします。どちらの場合も、ほかの人にあなたの求める行動を探してもらい、それを見たときに報告してもらうといいでしょう。

よその子どものよい行動を探す

よその子のよい行動を見つけるほうが簡単なことがあります。ひとりで公園へ行ったり、教室を訪れたり、ショッピングセンターに行ったりしたときに、子どもたちを観察しましょう。あなたの望んでいる行動を探し、あなたがその行動をなぜ望ましいと思うのかを考えます。そうすれば、自分の子どもに対して、何から始めればいいかわかってきます。

自分の望んでいることを心に描く

自分の望んでいることがわかっていれば、それはすばらしいことですが、そうでなければ、次のようなテクニックが役立ちます。できるだけ詳細に、できる限りの感覚を使います。

ジュリアは、娘のアビーが算数の宿題で苦しんでいたとき、「心に描く方法」を試してみました。


私はイライラしていました。アビーは宿題をすると言ってテーブルについても、何もしないからです。私はアビーが能力のある子どもであるところを心に描きました。

私は、アビーが95点の算数のテストを持って帰ってきたらどう感じるかしら、と想像しました。彼女の顔が輝いているところを空想しました。

心のなかで、彼女と一緒に練習を重ねた夜を思いだしました。私が一緒にテーブルについていてあげると、彼女の集中力が増すのに役立ったこと。娘にとっては難しいことでも、ゆっくりでも進歩していることがわかるように、答え合わせを手伝っているところを心に描きました。

私は娘に、自信をつけるために、プラスの独り言を教えているところを心に描きました。

面白いことに、娘が、算数が得意になり、どのようにして成功していくかを心に描くことで、私は娘を手伝うための方針をつくりだすことができたのです。

芽が出る前に種を探す

探してもよい行動が見つからないことがあります。それはその行動がまだ存在していないからです。そのような場合は、あなたの望む行動の種を探しましょう。芽が出る前に必要な種を探すのです。たとえば、息子に床を汚さないようにしてほしいが、そうしない場合は、今、息子にできることを探します。野球カードのコレクションや好きな音楽のＣＤを片づけることなどです。それができてから新しい行動ができるように考えます。

ここまで、よい行動を見つけだすことが大切な理由と、よい行動にどうやって気づくかを見てきました。その行動を見つけたら、単に注目するか、言葉でほめるか、ほうびを与えるというやり方で応えましょう。「なぜ、子どもがしなければならないことにほうびをあげる必要があるのか？」と思うかもしれませんが、答えは簡単です。効果があるからです。

よい行動を見つけるツール１：注目する

「注目する」はスター・ペアレンティングのポイント「よい行動を見つける」ための最初のツールです。あなたが注目すれば、子どもはあなたとつながっていることを感じます。スター・ペアレンティングのツールの「注目する」は言葉を使いません。「ほめる」とは区別しています。

注目には、子どもを見つめる、子どもの話を聴くといった簡単なことから、子どもの気分を聴く方法や子どもと離れるときに少し工夫するという手間がかかるものまであります。

◎◎◎……「注目」のタイプ

注目しようと思ったときは、やっていることの手を止め、子どもを見ます。

昔からある、言葉を使わない注目には、近づく、目と目を合わせる、やさしくさわるという3つの方法があります。さらに、子どもの行動を認めたことを伝えるために、身ぶり（ジェスチャー）や子どもと決めたサインのようなものを使うこともできます。

☀――近づく

幼い子どもは特に、親が近くにいることを好みます。子どものそばに座るか、膝に乗せます。子どもが楽しく遊んでいるときは、近くに座るようにしましょう。

「近づく」の反対は身体的に距離をおくことです。

子どもを膝に乗せたまま電話で話をしていて、子どもが大声で話しはじめたら、立ち上がって離れます。子どもを膝に乗せてお話を読んであげているとき、子どもがあなたをつついたら、脇に下ろします。

身体的に距離をおくことで、その行動が受け入れられないことを伝えます。

☀——目と目を合わせる

赤ん坊や幼児の機嫌がいいときは、顔を見て、目をのぞきこみましょう。子どもが大きくなるにつれて、子どもによい行動だと認めていることを知らせるために、目と目を合わせたり、微笑んだりします。

子どもの行動がよくないときは、反対に目をそらし、真剣な表情で首を振ります。子どもがその行動をやめないときは、立ち去ります。

☀——やさしくさわる

頬をなでたり、髪をなでたり、手をつなぐことで注目していることを伝えます。子どもが望んだら髪をとかしたり、編んであげるのも注目することになります。ハイタッチや、抱きしめる、友だちどうしがやるように肩をポンと叩くのも、エネルギーがあふれている子どもには効果があります。

☀——身ぶり（ジェスチャー）

身ぶりは、子どもの行動が気に入っていることを、子どもに合図するために使うことができます。ＯＫのサイン、ピースサイン、手を振る、親指を立てるなどで、子どもの行動を認めていると伝えます。「よくできた」という意味の、独自の身ぶりをつくってもいいでしょう。

☀——習慣

子どもが上手にできたことを意味する、家族の決めごとをつくることもできます。ある家族は、子どもが何か注目に値することをしたときには、夕食に特別な赤いお皿を使っています。

また、別の家族は、かわいい字で「しんせつ」と書きスマイルマークを描いた紙製の王冠をつくりました。ある子が何かやさしいことをしたのに気づいたとき、お母さんはその王冠を子どもの頭に載せてあげます。子どもたちにも、誰かが何か親切なことをしたのに気づいたら、その子の頭に王冠を載せてあげるようにすすめています。

………関心をそらす

注目は、よい行動をのばすときに役立ちます。しかし、望ましくない行動に注目することで、その行動を無意識に認めていることがあります。そのようなことが起きたら、望ましくない行動をさせないように、わざと関心をそらすことで修正することができます。次のマーガレットの例を読んでみましょう。

ミーガンが2歳4カ月のころ、夫のダンと私を叩くことがよくありました。私たちは「だめ」と言って、叩くと痛いことを説明して部屋に閉じこめましたが、ひどくなる一方でした。彼女は一日に何度かわざと私たちを叩き、私たちは娘が近づいてくると身を縮めていました。それでスター・ペアレンティングのクラスの先生に助けを求めました。

彼女は私たちに、ミーガンが叩いたら、身体的にも、言葉でも、視覚的にも、あらゆる接触をやめるように、それから、ミーガンが適切な行動をとったときにはすぐに、たくさん注目してあげるように提案しました。

私は、ミーガンが私を叩いたらすぐに背中を向けるか、抱っこしていたら下ろすことにしました。ダンにとっては、一緒にいる時間が少ないので、反応を変えるのは少しつらいことでした。

ミーガンは賢い子どもで、新しいやり方を理解するのに、ほんの数回しかかかりませんでした。彼女は気に入りませんでしたが、劇的な変化が起きたことを認めざるを得ません。数日後、ミーガンは私を叩くことも、ダンを叩くこともほとんどなくなりました。叩いても、私たちの反応を試すかのように、軽いものでした。

ミーガンは両親とかかわるために叩いていたのです。両親の側からすると好ましいものではありませんでしたが、子どもの側からすると必要なものでした。叩いてももう効果がないとわかると、ミーガンはその行動をやめました。

特定の行動をうながすために、「注目する」ツールを使うことができます。

また子どもが注目してほしいと思っているのにしてもらえないとき、その欲求に前もって応えるためにも使えます。この予防的な方法は特別な時間（スペシャルタイム）とも呼ばれます。

特別な時間（親子の時間）

研究によると、1日に15～20分の特別な時間をとると、子どもの不愉快な行動を劇的に減らすことがでせるためには、一対一で子どものほうを向くことが大切です。

きる、ということがわかりました。親にとっても子にとっても特別な時間だということを子どもにわから

✹――子どものほうを向く

子どものほうを向くというのは、子どもが興味をもっていることに焦点を当て、子どもの希望に従うことです。

もし、おもちゃの自動車で遊びたがったら、そばで見守るか、頼まれたら一緒に遊びます。幼児がブロックで塔をつくりたがっていれば、そばで見守るか、子どもがそうしてほしければ手伝ってあげます。

特別な時間は、文字や色などを教える時間ではありません。親は、単に子どものリードに従って、一緒の時間を過ごします。

✹――一対一で

一対一というのは、言葉どおり、1人の子どもに1人の親がつくことです。子どもが、電話やパソコン、兄弟やほかのことにじゃまされることなく親を独占できる、特別な時間です。

多くの人は忙しい生活に追われているので、このような時間をとることは難しいかもしれませんが、そうすることで、子どもの欲求が減るため、ストレスが減り、時間の節約になることがわかります。

予告する

子どもは毎日特別な時間を期待できるという意味です。特別な時間は、毎日同じ時間にとるべきです。そうでないと有効ではありません。

子どもは、毎朝10時か、弟や妹がお昼寝をしているときに、楽しい時間があると知っていれば、その時間がくるまでがまんできます。しかし、たまにしかなかったり、まったくなかったりすると、今日は楽しい時間があるのか心配になり、ますますストレスがたまったり、要求が多くなったりします。夫が毎日午後6時15分のバスで帰宅するのをあてにしている妻と同じようなものです。夫が帰ってくるのがわかっているので、子どもと一緒に冷静でいられます。でも、バスに乗り遅れたり、残業の電話が入ったりすると、落ちついていられないこともあります。

……「注目する」に関するQ&A

「注目する」というツールは、どんな場合に使ったらいいのでしょうか？

「注目する」というツールは、直接ほめたりできないときにも使えます。

たとえば、何組かの家族を呼んで、親たちが部屋の隅で話をしていて、子どもたちは反対側で遊んでいるとします。娘が別の子にお気に入りの人形をさわらせてあげているのに気づきました。娘をほめてあげたいけれど、そうすると大人の会話を中断することになります。そんなとき、娘と目を合わせ、娘の行為に気づき寛大さを認めていることを知らせるサインを出すのです。

また注目を使うのがもっとも適当なのは、名ざしで呼ばれるのが好きでない内気な子や、ほめられることをきまり悪がる十代の子に対して、認めていると合図を送る場合です。微笑みかけ、親指を立てて合図すれば、ほかの人に気づかれることはほとんどないでしょう。

☀――子どもが2人いる場合、どうやって特別な時間をつくればいいでしょうか？

特別な時間をつくるには、創意と粘り強さが必要なときがあります。優先事項を見なおし、自分のやり方を新しい視点で見なおしましょう。もし何も変えなければ、特別な時間はとれません。

これまでに、特別な時間をつくるために使われたいくつかのやり方を紹介しましょう。

⊙ひとりの子を特別な時間のために20分遅くまで起こしておく。
⊙もうひとりの子どものお昼寝のとき。
⊙もうひとりの子どもの面倒を見てもらうベビーシッターを雇う。
⊙パートナーがもうひとりの子を寝かしつける時間。
⊙近所の人や近くの友だちと時間を交換する。
⊙時間を生みだすために家事の基準を下げる。
⊙仕事の予定を減らすか、仕事をやめる。
⊙自由な時間を増やすために外の活動を減らす。

予防的な手段として、望ましい行動をうながすために使う「注目する」というツールを見てきました。

次に、「ほめる」というツールについて見ていきましょう。

よい行動を見つけるツール2：ほめる

「ほめる」は、「よい行動を見つける」の2番目のツールで、子どもを言葉で励ますことです。ほめるにはいくつかのタイプがあります。ほかのタイプより効果的なもの、望まない長期の結果を生むものなど、さまざまなほめ方があります。

「努力」をほめる

成功したときと同じくらい、努力に対して子どもをほめることが大切です。

ズボンをはこうとしている幼児には、「今朝はズボンと格闘していたね。5分も頑張ったね」。

小学校3年生の子どもに、「算数の勉強を続けているのに感心した。難しいのに、やりつづけているね。毎日、少しずつ上達しているね」。

初歩的な成功をほめると、子どもは物事が簡単に手に入ると思いこみ、難しいとやりたがらなくなります。179ページの囲みに、この現象についてのある研究を紹介しています。

5つのほめ方

ほめ方には5つのタイプがあります。見たままを言葉にしてほめる、認めてほめる、振り返ってほめる、評価してほめる、大げさにほめる、の5つです。最初の3つは建設的ですが、あとの2つはあまり役に立ちません。

見たままを言葉にしてほめる

子どもの行動で、あなたが気に入ったことを言葉にします。

「入ってくるときドアをそっと閉めたね」「お姉ちゃんに、次にマーカーを使わせてと頼めたね」などと、アナウンサーがスポーツの実況をするように言葉にするのです。気づいたときにそのことを言えば、子どもたちはその行動を繰り返すようになります。

認めてほめる

「認めてほめる」とは、子どもの行動を明らかにして、その努力をあなたが認めていることを伝えることです。

「入ってくるとき、ドアを閉めてくれてありがとう」「お姉ちゃんに、次にマーカーを使わせてほしいと頼んだのに気づいていたよ。言葉で頼むのを忘れなかったことが、私はすごくうれしいわ」

認めてほめるのは、子どもがそれまで苦労していたことに成功したときや、あなたが特にお気に入りの

努力の結果についての研究

スタンフォード大学の教授キャロル・ドゥエックは、8～12歳の子どもたちを対象に、知性は生まれつき定まっているか、努力の結果で変えられるかという調査を行なった。

教授は、数百人の子どもにテストを受けさせた。問題は標準的な知能テストで、ほとんどの子どもがよい点をとった。だが、教授は子どもの成績をほめるとき、みんなを同じやり方でほめなかった。ある子には生まれつきの才能をほめ（なんてすばらしい点数。あなたはとても頭がいいね）、ある子には努力をほめた（なんてすばらしい点数。一生懸命勉強したのね）。

これは些細な違いのように思えるが、発達中の子どもの心には、2つのメッセージはまったく違うように伝わった。1つ目のメッセージは、人の能力や特性は生まれつき決まっていると、2つ目のメッセージは、成長の可能性と努力の価値を強調するものだった。

結果はすぐに出て、明白だった。頭がいいと言われた子どもは用心深くなり、弱点が明らかになるようなテストをそれ以上受けたがらなかった。これに対して、努力をほめられた子どもは、新しい挑戦に貪欲だった。

さらに、子どもたちはその後、とても難しい問題を解くように求められ、みんな点数が低かったが、「頭のいい子」はこの失敗を自尊心を傷つけられたように感じたのだ。頭がいいと思っていたのに、そうではなかったと。努力をほめられた子どもは、腰をすえてもっと勉強に励んだ。

そして、意外な結末が待ち受けていた。実験の最後に、教授はすべての子どもに、将来テストを受ける子どもたちのためにという名目で、テストについての感想を書かせた。自分の点数を書く欄もあった。生まれつきの才能をほめられた子どもの40パーセント近くがテストでどれくらいの点をとったかについて嘘をついた。彼らは点数を水増ししていた。彼らは、事実、自分にとって恥ずかしい欠点を否定する方法として嘘をついたのだった。

ことをしたときに効果があります。

振り返ってほめる

「振り返ってほめる」とは、あなたがよいと思った行動を述べ、子どもがそれについてどう感じるかたずねることです。

「お姉ちゃんに順番に使わせてと頼んだね。そのときどう感じた?」「算数のテストで95点とったね。そのことどう思う?」などです。

振り返ってほめることは、子どもが成長していくにつれて役に立ちます。自分の行動について振り返って考え、自分自身の成長の基準を身につけていく助けとなります。

評価してほめる

「評価してほめる」とは、人や、行動や、業績に判断を下し、それをよいと口に出すことです。「よくやった」とか「えらいわ」などといった言い方では、どの行動をほめているのか明確ではありません。励ましたつもりでも、子どもはわけがわからず、次もうまくできるか心配になります。子どもが、自分はほめられるようなことをしていないと思っていれば、親に対して、自分が本当はどんなにばつの悪い思いをしたかを示すような状況をつくりだす場合もあります。

タミーはこんな話をしてくれました。

３歳になる娘ソフィアの初めてのダンスの発表会を、家族全員で豪華な食事でお祝いしていました。話題も関心もすべてソフィアに向けられていました。お父さんは5歳のウィリアムがすっかりのけ者になっていることに気づき、彼のほうを向いて「いい子だね」と言いました。

実はそのとき、ウィリアムは妹にどんなひどいことをしてやろうかと考えていたのです。そして、ミルクのピッチャーを倒し、サラダの入ったお皿をテーブルごしに妹に向かって投げつけたのです。私たちはしばらく呆然としていました。ウィリアムは自分がいい子でないことを証明しようとしているかのようでした。


この場合、お父さんが状況をそのまま言葉にしてほめたり（ソフィアと話している間、静かに座っていたね）、認めてほめていたら（今日はソフィアに主役の座をゆずってくれたのは感心だ。とても自分を抑えているのがわかるよ）、ウィリアムは爆発しなかったでしょう。

評価してほめることは必ずしも悪いことではありません。基準をつくるために、見たままを言葉にしてほめる方法と一緒に使えば効果があります。

たとえば、「ベッドが整ったし、洋服もしまえた。おもちゃと本は棚に片づけた。よくできたね」。このようにして、部屋をきれいにするのがよい行ないであると、子どもに知らせることができます。

☀——大げさにほめる

「大げさにほめる」とは、「(平均点並みのときに)学期末の試験の点数はすばらしかった」「この絵はすばらしい。将来のピカソだ」「自転車の乗り方がプロの選手並みだ」など、行動の価値や重要性を大げさに言うことです。

親は時として、子どもにいい気持ちになってほしいと思い、大げさにほめることがあります。しかし、このように大げさにほめることで、いくつか問題を生じる可能性があります。たとえば、以下のような場合です。

⊙子どものやる気をそぐ。

「これがいい点なんだったら、そんなに一生懸命勉強しなくてもいいかもしれない」

⊙親の信頼性を低くする。

自分のやったことを現実的な目で見ている子どもがそうです。「もしママがこれでOKと思うなら、ママはばかじゃない? ぼくはほかに何を手抜きできるかな?」

⊙子どもの能力の非現実的なイメージを促進する。または、特権意識をつくりだす。

「そんなにうまいのなら、ほかの人はぼくを特別扱いすべきだ」とか「ほかの人の言うことに従わなくてもいいんだ」などと。

効果のあるほめ方

効果のあるほめ方をしたかったら、具体的に、その場で、心からほめましょう。

具体的にほめる

漠然とほめるより効果があります。

「いい子ね」と言うより、「コートをかけてくれてありがとう」と言うほうがはっきりします。そうすれば子どもも自分の行動の何がよかったのかわかります。

研究によると、努力ややりとげたことに関係のない漠然としたほめ言葉を、子どもは疑いの目で見ることがわかっています。なぜよい子か、能力があるか、頭がよいかの根拠が必要なのです。そうでなければ、子どもは親を簡単にだませると考えたり、親をだます方法を企んだりするかもしれません。

あなたがよいと思った子どもの行動を正確に言葉にすることで、具体的にほめることができます。

その場でほめる

その場でほめるほうが、あとになってほめるより効果があります。

子どもは今の瞬間を生きています。「今朝、靴をはかせているとき、じっとしていてくれてありがとう」などと、夕方になってほめても、自分が何でほめられているのかを正確に思いだすことが難しいのです。

子どもがおとなしく靴をはかせてもらっているとき、「まあ、足をバタバタさせずにいたね。ありがとう。

とても助かったわ」と言えば、何をほめられたかはっきりし、より効果があります。

☀――心からほめる

心からほめることは、子どもに自信をもたせます。

子どもは心からほめられているのか、そうでないのか、たいていわかります。ほめたいけれど、全部が全部適切な行動でないときは、よいと思う部分だけをほめましょう。たとえば、おもちゃと本を片づけたあとも、まだほかのもので部屋が散らかっていたら、「おもちゃと本を片づけたのはいいね」と言います。エレンが言葉づかいを変えてどうなったか見てみましょう。

私はよくいる、いつもガミガミ言うタイプの母親でした。いつも子どもたちに「靴下をはきなさい」「今すぐ靴をはきなさい」「すぐコートを着なさい」「どうして言われないとやれないの？」というふうに言っていました。私がガミガミ言えば言うほど子どもたちはのろのろするようでした。

ついに、私はガミガミ言うかわりに、起きていることを言葉にしようと決めました。「シャツとパンツをはいた女の子がいる」「シャツとパンツと、靴下を片方はけた。上達したわ」「見て、靴下を両方はいている」

少しばかげているように思われましたが、効果があったのです。いろんなことがうまくいくようになって驚きました。娘は服を着るのが早くなったばかりか、機嫌よくやるようになったのです。

「ほめる」に関するQ＆A

子どもがほめてほしがらないときにはどうしたらいいでしょうか？

何らかの理由で、親からほめてもらいたがらない子どもがいます。その場合は、まずあなたがどのタイプでほめているか見てみましょう。

もしほめ方が評価的だったり、大げさだったら、子どもはほめてほしがらないでしょう。そのような場合は、ほめ方を変え、効果のある3つのタイプを使ってみましょう。また、言葉を使わずにほめたり、報告的にほめたり、間接的にほめてみましょう。

言葉を使わずほめるとは、今まで見てきたように注目することが中心です。ハイタッチ、微笑む、背中をさするなどをやってみましょう。

報告的にほめるとは、ほかの誰かが言ったほめ言葉を伝えることです。たとえば、「お隣のグリーンさんが、今日の午後、あなたがゴミ箱を運ぶのを手伝ってくれて感謝していると言っていたよ」とか「デビーが、あなたはダンスが上手だと言っていたわ」などです。

間接的にほめるとは、子どもに聞こえるように、誰かほかの人に子どものよい行動を言うことです。たとえば、パートナーに「息子が今日食料品を運ぶのを手伝ってくれて助かった」と伝えます。

次に、よい行動をうながすために、どのようにほうびを使うとよいかを見ていきましょう。

よい行動を見つけるツール3：ほうびをあげる

「ほうびをあげる」は、よい行動をうながすのに使える、3番目のツールです。ほうびをあげることで、その直前の行動の回数を増やします。ほうびは子どもの行動を変えるほど子どもがほしがっているものでなければなりません。

効果のあるほうびとは

効果のあるほうびには、内因性の（それ自体に内在する）もの、外因性のもの、大きなもの、小さなもの、現実的なもの、象徴的なものなどがあります。

内因性のものと外因性のもの

内因的なほうびとは、ある状況にもともとあるものです。外因的なほうびとは、その状況にはなくて、あとからもたらされるものです。

人はほうびと言うと、外からもたらされるほうびのことを考えがちです。お金や、シール、ステッカー、キャンディ、おもちゃを買ってあげると約束することなどです。

ほうびの2つのタイプを比較してみましょう。

お母さんは、子どもに走りまわるのをやめて、マグカップでジュースを飲んでほしいと思っています。もしお母さんが「ほら、お気に入りのマグカップよ。走りまわるのをやめて、ジュースを飲みなさい。飲んだらお話を読んであげる」と言えば、お話を読むことはこの状況にはなかったので、外からもたらされるほうびになります。

一方、「ほら、大好きなマグカップよ」と子どもにカップを見せ、「椅子に座ったらすぐにジュースをあげるよ」と言えば、マグカップでジュースを飲むのがほうびとなり、これはもともとその状況にあったものがほうびとなっています。飲み物をもらうためには、息子は座らなければなりません。よい行動の結果としてほうびをもらうのです。

大きなもの、小さなもの

ほうびはシール、おもちゃ、ステッカーなど物で与えることもあります。また、時間や特権といった形がないものの場合もあります。次ページに両方の例を紹介しますので、有形か無形か考えましょう。

また、ほうびには子どもの年齢にふさわしいものがあります。幼児や園児が関心をもつもの、学齢期の子ども向けのもの、十代の子どもが好むものはどれかを考えましょう。

現実的なもの、象徴的なもの

ほうびには、それ自体が本当にほしいものと、子どもがほしがっているものを象徴するものがあります。

シール	クッキーをつくる	シュガーレスガム
ステッカー	一緒に過ごす時間	カード遊び
おもちゃの自動車	恐竜の消しゴム	人形の洋服
遅くまで起きている	小鳥の巣箱をつくる	数セント
読む物語を増やす	お手伝いをしなくてよい	クラッカー
背中をさすってあげる	コンサートのチケット	パソコンを使う
ショッピングセンターに行く	家の車を使う	音楽のＣＤ
友だちを家に呼ぶ	友だちの家に泊まる	

たとえば、４歳の子どもを寝かせつけるのに苦労しているなら、毎晩時間どおりにベッドに入ったら星のシールをあげるのです。そしてシールが５つたまったら、金曜日の夜に30分だけ遅くまで起きていていいことにします。星のシールは象徴で、５つたまれば本当のほうびに変えることができるのです。

象徴的なほうびにはさまざまなタイプがあります。

たとえば、何かほかのものと代えられる引き換え券。

ＣＤをほうびとして手に入れるための方法として、ＣＤのジャケットを16枚に切り分け、何かよい行動をとるたびに１枚ずつ渡します。16枚集めたらＣＤと交換できます。

また、よい行動をしたら瓶におはじきを入れていき、瓶がいっぱいになったら、家族で楽しいことをするというやり方もあります。

ポイントシステムを使う

ある一家は、子どものよい行動を増やしたいと思っていました。特に、子どもたちに、誰かに手伝ってもらったときには、お返しに手伝ってあげることを理解してもらいたいと思っていました。一家は、家事の一部をしたり、新しい行動を学んだときに与えるポイントシステムを考えだしました。また、子どもが親に求める特権やサービス——学校に送ってもらう、ショッピングセンターに連れて行ってもらう、一晩遅くまで起きていられる、テレビを見る、パソコンを使う——なども、ポイントシステムに組みこむことにしました。一家は協力してポイントシステムを改良し、冷蔵庫に貼りました。

12歳のコリンは、毎日30分、週に5日、1カ月ピアノの練習を続けたら、友だちを泊まりに来させるだけのポイントを稼ぐことができます。

6歳のティモシーは、1週間学校に遅れなかったら、土曜日に泳ぎに連れて行ってもらえます。

効果的なほうびの与え方

ほうびは、子どもの行動を変えるぐらい子どもが喜ぶものである必要があります。効果的なほうびの与え方のポイントには以下のようなものがあります。

☀——明確な基準をつくる

「弟にやさしくしなさい」では明確ではありません。「やさしい」とはどういう意味でしょうか？　叩いたり、からかうのをやめることなのか、おもちゃを使わせてあげたり、頼まれたら手伝うといった積極的なものなのか、あなたはどんな行動をしてほしいと思っているのか。

ほかの人でもほうびをあげられるくらい、基準を明確にする必要があります。

☀——その場で与える

ほうびは直前の行動をうながします。つまり、できるだけほうびを行動に直結させたほうが効果があります。

たとえば、よい行動に対して引換券や食べ物や硬貨をあげるなら、その行動を目にしたらすぐにあげられるように、ポケットに準備しておきましょう。

☀——努力に釣り合うほうび

子どもをやる気にさせるために、いつも同じものをあげる習慣に陥っている親がいます。しかし、長い目で見ると、子どもの努力に応じてほうびを変えるほうがより効果があります。

たとえば、子どもにゴミを外に出してほしいとき、頼んでからゴミを出したら5セントを、頼む前にそうしたら10セントをあげます。このようにすると、子どもは自分で考え、やる気が増すのです。

いつ、何回与えるか

ほうびをいつ、何回与えるかは、子どもが何を学ぶかに影響します。

ほうびは、その行動が起きるたびにでも、決まった間隔でも、不規則にでも与えることができます。子どもがしてほしいことをするたびにほうびをあげれば、一番早くその行動を学びます。しかし、ほうびをあげるのをやめれば、すぐに忘れます。

一方、子どもがよい行動をとったとき、2回に1回ほうびをあげると、学ぶのは遅くなりますが、忘れるのも遅くなります。不規則にほうびを与えると、学ぶのは一番遅く、忘れるのも一番遅くなります。

これらの方法を組み合わせて、子どもに新しい習慣を身につけさせることができます。まず、子どもが新しい習慣を行なうたびにほうびを与えてその習慣を行なうことをうながし、それからほうびの回数を減らします。最終的には、たまに与えてもその行動を続けることができるようになります。

この方法で気をつけなければならないのは、子どもに夕食前にクッキーをねだられ、「だめ」と何度か言ったあと、子どもに負けてクッキーを与えたら、ねだったことに対してほうびをあげたことになるということです。不規則なほうびを通して、その行動はいつまでも変わらないことになります。

ほうびに関するトラブル

子どもに最初に要求するものがあまりにも高度で、子どもがほうびに興味を示さないために失敗することがあります。

☀——最初の要求が大きすぎる

ほうびをあげることで、子どもに「行動してもらいたい」と思う親がいます。それで、あるほうびをあげることと引き換えに、大きな行動の変化を子どもに要求します。ですが、大きなステップは子どものやる気をそぎ、一生懸命にやろうとする意欲を失わせます。

最初は子どもが気持ちよくできる程度にし、しだいに同じほうびに対して要求を増していくほうが効果があります。リンダの方法を見てみましょう。

わが家ではみんな音楽が大好きです。そしてメロディーはピアノを習いたがっていました。私は、1日30分、週に5回は練習するなら習ってもいいと言いました。メロディーは3日間、実行しました。しかし3日後には、気が散るようになったり、「忘れたり」しはじめました。たぶん娘は、上手になるのにどれくらいかかるかわかっていなかったのだと思います。私はしょっちゅうガミガミ言いましたが、娘は多くても1日10分くらいしか練習しません。それで私は、何か別の積極的な取り組みをすべきだと思いました。

私は娘にほうびをあげることにしました。引換券をあげ、20枚たまると、新しい音楽のCDを買うことができることにしました。最初の週は、8分練習するたびに引換券を1枚あげました。彼女は4日間16分ずつ練習しました。それで引換券が8枚たまりました。私が望んでいたような毎日30分の練習ではありませんでしたが、それまでの5〜10分よりましでした。その結果、生活が楽しくなりました。

次の週は10分練習したら引換券1枚、その次の週は12分で1枚にしました。3週目の半ばには、C

Dを買えるだけの引換券がたまり、娘はCDを買いに行きました。

私は徐々に、引換券をあげる時間を長くしていきました。やがてメロディーは、毎日30分練習するようになり、私は引換券をあげるのをやめました。

娘は最初、私が引換券をあげるのをやめたことに気づきませんでした。そのうち気づいて、なぜもう引換券をくれないのか、とたずねてきました。私はピアノの練習の習慣が身についたので、今は自分で管理できるでしょう、自分が望めば、自分にほうびを与える方法を見つけだせるでしょう、と娘に言いました。娘は部屋を出て行こうとして振り向き、「ママ、私が算数の勉強をするのをママに手伝ってもらうのに、ほうびを使える？　とても難しいから」と言ったのです。

自分をやる気にさせ、自分にほうびを与える能力をもつのは、子どもにとってもすぐれたスキルです。最終的に子どもにそこまで到達してほしいところです。この場合、リンダは、メロディーが算数の勉強をするのを最初のうちは手伝い、それからしだいに手伝うのを減らしていきました。そうすることでメロディーは、自分でやる気を起こす方法を身につけることができたのです。

☀――ほうびが子どもにとって魅力的でない

親が、ほうびのことでどうしていいかわからなくなることもあります。子どもがほしがるものが高価すぎたり、家族の価値観に反するものだったりするときです。高価すぎるときは、リンダが娘にしたように、ほうびを象徴するものをあげることもできます。また、次のお話で、アンナが息子のマークにしたように、特権と交換することもできます。

マークは幼稚園に入りました。そこでは、子どもたちは外で遊んだあとは、帽子やコート、手袋、スカーフ、長靴を自分で棚にしまわなければいけないことになっていました。お片づけを奨励するため、園では子どもに星のシールをあげていました。でも、マークは星のシールには興味がありません。それで衣服を床に置いたままにしていました。

先生から、息子が衣服を片づけないことを聞かされたとき、私はどうしたらいいか考えました。私はマークに、衣服を片づけて星のシールをもらって帰ってきたら、30分テレビを長く見ていいことにする、と伝えることに決めました。彼は、衣服を片づけて星のシールを持ち帰り、テレビを30分長く見ることができるようになりました。

………どのようにほうびを与えるか

ほうびを効果的に与えるためには、よく考えて計画することです。リンダが娘にピアノの練習をする習慣を身につけさせるのに実行した計画やステップを見ていきましょう。

——1　情報を集める

目標を定める前に、あなたの望む行動や、やめてほしい行動を子どもがどのくらいの頻度で行なっているか、データを集めましょう。子どもの発達段階、気質、経験を考慮に入れて、何を期待するのが妥当かを考えるのも役立ちます。

リンダは1週間、メロディーのピアノの練習時間を記録し、5分のときもあれば10分のときもあり、平均して8分ぐらいであることをつきとめました。また、隣の部屋のテレビの音で気が散ることもわかりました。

2 具体的で、測定できる目標を定める

計画を話す段階で、もしリンダがメロディーに「もっと練習してほしい」とあいまいな言い方をしていたら、どんなときに引換券をもらえるかで2人の意見が合わず苦労したでしょう。効果をあげるためには、目標を明確にし、測定でき、時間枠を設定する必要があります。

リンダは、引換券をもらうためには、メロディーは夕食前の決められた時間に練習しなければならないと決めました。メロディーは週のどの曜日でも練習できます。

3 何をほうびにするかと、どのように与えるかを決める

ほうびは、行動を変える動機づけになるほど子どもが必要としているか、もしくはほしがっているものでなければならず、親が子どもにあげたいものであってはいけません。

どのくらいの期間ほうびを与えるか、どのようにしてやめるかも、前もって計画しましょう。

リンダは、メロディーが音楽を聴くのが好きなので、ほうびに音楽のＣＤをあげることにしました。そ

して、メロディーが毎週少しずつ練習の時間をのばして、1日に30分練習するようになるまでほうびをあげつづけることにしました。30分に達したとき、リンダはもう2カ月、余分にほうびをあげつづけました、それでメロディーは練習の習慣が身につき、(8週間で40枚の引換券をもらって)最後にもう2枚のCDを受けとることになりました。

4 子どもが必要なスキルやものをリストアップする

期待される行動を身につけるために必要なスキル、品物、情報、言動などをリストアップします。

息子にトイレでおしっこをしてほしいなら、踏み台が必要でしょう。娘に自分で自分を落ちつかせてほしいと思うなら、具体的なやり方を教える必要があります。息子に宿題のレポートを書いてほしいなら、どのように書けばよいかという情報や、机に向かう静かな場所、書く道具、参考資料が必要です。

リンダは、メロディーがピアノの練習をするときにタイマーがあれば、あと何分練習の時間が残っているかわかるので、やりやすいだろうと思いました。リンダはタイマーを買い、ピアノの上に置きました。

5 進歩を見守る方法を考える

子どもが期待される行動ができたときにすぐほうびをあげなければ、子どもはその行動を身につけないし、親は信頼をなくします。

最初の週、リンダは居間に座って自分の腕時計のタイマーをセットし、メロディーが練習を8分したら、すぐにほうびをあげられるようにしました。1週目が終わったあと、リンダはやっていることの手を止めるのを忘れないようにタイマーをセットし、メロディーが決められた時間練習したら引換券をあげることにしました。リンダはまた、毎日、メロディーが練習した時間を表に書き入れ冷蔵庫に貼りました。

6　計画を説明する

計画を子どもに説明します。ほうびをもらうために何をする必要があるかを明確にし、必要な努力をしなかったらどうなるかを伝えます。

ある晩の夕食後、リンダは、メロディーが毎日30分、ピアノの練習をするのに苦労していることに気づきました。彼女は、もしメロディーが興味をもてば、練習の手助けになるかもしれないアイデアがあると伝えました。メロディーは興味があると言いました。

リンダは、メロディーの目標は1日30分ピアノの練習をすることだけれど、ゆっくり始めて、時間をのばしていきましょうと説明しました。リンダは、メロディーが決められた時間練習するたびに、引換券をあげること、引換券が20枚たまるとCDが1枚買えることを説明し、最初の週は1日8分から始めましょうと提案しました。もし、メロディーが望めば8分の練習を1日に2回することができ、そうすれば5日間で引換券が10枚たまり、あと半分でCDが買えるとも話しました。

リンダはメロディーにそうしたいかたずね、メロディーは同意しました。

リンダは、それから、メロディーが毎週練習時間を長くしていくなら、ほうびをあげつづけると言いました。そして、「もしあなたが約束の時間だけ練習しなかったらどうなると思う？」と聞きました。

「えーと、ママは引換券をくれるのをやめるの？」

「そうよ。あなたが毎日きちんと30分練習できるようになったら、どうなると思う?」
「わからない」
「2カ月後には引換券をあげるのをやめるわ」
「でも、それは不公平よ」
「引換券は、あなたが新しい習慣を身につけるのを助けるためのもの。身につけたら、自分にほうびを与えるのはあなたの仕事よ」

☀——7 計画を実行し、自分の努力を認める

子どもが同意した計画を実行します。

計画をあるものに頼っているなら、それを手に入れましょう。子どもがスキルを必要としているなら、教える準備をします。時には、確固たる態度でいるために、自分自身へのサポートが必要かもしれません。また、親が自分の努力にほうびを与えることも役立ちます。

リンダは計画を説明してから、娘にいつから始めようかとたずねました。メロディーは今夜から、と言って、それから「明日から。もう晩ご飯がすんだから」と言いなおしました。

リンダは、ピアノの上に置くタイマーを注文しました。また、週に一度友だちに電話して、状況がどう進んでいるか報告するようにしました。メロディーが1日30分練習するようになったら、友だちと一緒に特別なランチを食べてお祝いするという計画を立てたのです。

注:子どもが自分の行動に責任をもてるように、しなければいけない課題を子ども自身が決め、自分で

実行することが大切です。メロディーが30分のレベルに達したら、リンダはその後2カ月はほうびをあげつづけると言いました。2カ月後、メロディーは、自分で自分にほうびをあげる方法を決めることができるようになるでしょう。

ほうびについてのよくある心配

子どもにとって何かよくないことが起きるのではないかと心配して、ほうびをあげたがらない親がいます。これは「私はぶつけられるかもしれないから車を運転したくない」と言うのと似ています。確かに、車を運転中に事故に遭うかもしれませんが、注意深く運転すれば、事故に遭う確率は大きく減ります。ほうびについてのよくある心配を次にあげています。

子どもにわいろを与えたくない

ほうびとわいろは似ているようで、まったく違います。わいろをほうびの「悪い面」と思うかもしれませんが、そうではありません。

ほうびはよい行動のあとで与えられるものであり、わいろはよい行動が始まる前に、悪い行動をやめさせるために与えられるものです。つまり、子どもがほうびをまたもらいたいなら、よい行動を続けなければならないのです。もしわいろを与えたら、悪い行動が増えるでしょう。

いつまでもほうびを与えつづけなければならないのでは？

これについては、親が思うほど大きな問題ではありません。子どもは新しい習慣やスキルを身につけるときに、自分を動機づけるためにほうびをもらうことを必要とするかもしれませんが、スキルが確実に身についたら、たいていの子どもはほうびのことを忘れます。成功が内なる喜びとなるからです。

もし、子どもがほうびをもらいつづけられると期待していると思うなら、続けられないようなほうびを組み立てます。いずれ終わることをお互いに合意して、ほうびを与えるのを特定の期間だけにするか、子どもがほうびを得るためにしなければならないことのレベルを、少しずつ上げていきます。キャシーはこのように実行しました。

私の4歳の息子のティミーは、用心深く変化への適応が遅い子どもです。私は彼に水泳を習ってほしいと思いましたが、彼はレッスンを受けたがりません。彼は公園のらせん状の滑り台が大好きです。私は水泳のレッスンを受けさせるのに、滑り台が好きなことを利用しました。私は彼が同じほうび（帰りに公園に寄る）をもらうために必要な行動の難易度を毎週上げていきました。

⊙第1週　水泳のレッスン中、静かに座ってほかの子どもたちを見ている。
⊙第2週　見学しながら座って足を水につける。
⊙第3週　5分間プールのなかにいる。
⊙第4週　レッスンの半分の時間、水のなかにいる。
⊙第5週　レッスン中ずっと、水のなかにいる。

もしあなたが娘にトイレに行くことを覚えてほしければ、最初は服を着たまま便座に座ったらステッカーをあげます。それから要求を上げて、パンツを脱いで便座に座れたらステッカーをあげます。最後に、トイレでおしっこができたときだけステッカーをあげます。その後は、服を脱ぐところから全部自分でやれたらステッカーがもらえます。

また、次のエイミーの息子アンドリューのように、同じ努力に対してほうびをどんどん小さくしていく方法もあります。

子どもを寝かせる時間は、わが家では闘いの時間でした。毎晩、息子のアンドリューと3時間格闘していました。私たちはいくつかの方法を試みましたが、彼はどうやっても寝たがりませんでした。それが何週間も続きました。怒りと欲求不満がつのり、私たちはどうしていいかわからず途方にくれていました。

私はアンドリューに、眠りにつくためにほうびをあげてみようと思いました。彼が大好きなものはわかっていましたが、それを使うのは気乗りがしませんでした。それで1週間の計画を練りました。

私はアンドリューに、「みんな睡眠が必要だけれど、あなたがなかなか寝つけないのはわかっている。それで、努力したらほうびをあげるよ」と言いました。「寝る時間になったら自分のベッドに入っておとなしくしていたら、次の朝ドーナツがもらえるよ。もしベッドで叫んだり、ママとパパのベッドにもぐりこんだらドーナツはあげないよ」と説明しました。ドーナツを彼の見えるところに置きました。次の効果はてきめんでした。彼は大騒ぎせずベッドに入り、一晩じゅう自分の部屋で眠りました。次の朝ドーナツをもらうと、彼は誇らしげで、興奮していました。

続けて2晩は同じことが起こりました。4日目の夜、彼は1時間自分のベッドで寝たあと、私たちと一緒に寝たがりました。私たちは「一緒に寝たければ、そうしてもいいよ。でも、いい？　ママとパパと一緒に寝たら、朝ドーナツはもらえないよ」と言いました。少し考えたあと、彼はドーナツを選び、自分のベッドにもどりました。

2週目になると、私はドーナツを小さくしました。彼は反対しました。私は、もし反対したいなら、私たちの部屋で寝てもいいが、ドーナツはもらえない、と言い聞かせました。彼は再びドーナツを選びました。

このようにして、だんだんドーナツを小さくしていきました。そのうちに彼はドーナツには興味をなくしたようです。これにはかなりよい気分になりました。しばらく本当に小さいドーナツをあげつづけるとしても、かまいません。夜の3時間の闘いにくらべたら、朝の小さいドーナツ1個などたいしたことではありません。

☀——ほうびとして食べ物を与えると、子どもの体重が増え、糖尿病の危険性が増すのでは？

別の効果のあるほうびが見つかれば、ぜひともそれを使いましょう。そして、次の2つのことを覚えておいてください。

①ほうびは子どもの行動を変えられるぐらい、子どもがほしがっているか、子どもにとって必要なものであること。

②ほうびとして1日に1回、1～2週間食べ物を与えても、子どもは太らないこと。

しかし、もし食べ物が、子どもの行動を変えるためにもっとも効果があるのなら、また、子どもにとって甘いものがとても大切ならば、問題が生じるかもしれません。子どもの肥満を促進する要素は、炭酸飲料（甘いもの、低カロリーのものどちらも）を飲む、スナック菓子を大量に食べる、食事のメニューが貧弱（高カロリー、ファストフード）、運動をほとんどしない、などです。

☀──子どもに報酬目当ての人間になってほしくない

子どもにほうびを与えることで、子どもが報酬目当ての人間になるということはありません。子どもに色鉛筆を与えたからといって、偉大なアーティストにならないのと同様です。

しかし、あなたの使う方法が「ほうび」だけで、あげるほうびが「物」だけなら、問題が起きるかもしれません。単に物質的なものを使うのではなく、ほうびとして特権や注目を使ってみましょう、また、ほうび以外のスター・ペアレンティングのさまざまなツールを使ってみましょう。

子どもが「何をくれるの？」と聞いたとします。「抱っこを2回、背中をさすって、妖精の粉をふりかけてあげる」と軽く答え、それから「自分にどんなごほうびをあげたい？」と聞きます。

ほうびは、子どもがよい習慣を身につけるためのものです。また、子どもに、自分で自分にほうびを与えることもできると教えます。

☀——子どもはほうびがなくても正しいことをすべきだ

そのとおり。そうすべきです。しかし、どういうわけか、そううまくはいきません。犯罪も、自然災害も起こるべきではありませんが、実際起きています。あなたは給料という報酬がなくても仕事に行きますか？　「すべきである」ということにいきづまって、どうしようもなくなったことはありませんか？　ある母親はこのように言っています。

私は子どものころ、死ぬほど「……すべき」としつけられていました。私は頼まれたことを実行しないと、恥ずかしく、罪悪感をもち、自分が悪い人間だと思っていました。これらをすべて消し去るのに7年もセラピー（心理療法）を受けました。私は子どもたちにはそんな体験はしてほしくありません。

たいていの親は、子どもが今いるところから始めて、そこから続けるほうがやりやすいとわかっています。

☀——ほめられることやほうびをあてにする子にしたくない

ほうびを使うひとつの利点は、結果として、子どもが自分自身でやる気を起こす方法を教えることになるという点です。確かに、幼児のころと同じ方法で園児や学齢期になってもほうびを与えつづけていたら、依存心を生むでしょう。しかし、ほうびの内容や与える方法を計画するときに、徐々に子どもを巻きこんでいけば、子どもは自分でやる気を出すようになります。

たとえば、はじめは親がほうびを組み立てます。それから子どもを少し巻きこんで、どういうほうびにするかアイデアを求めます。最後にそのプロセスを子どもにまかせ、どうやって自分にほうびを与えるかをたずねます。

☀——どのようにしてほうびをやめたらいいのか？

いくつかの選択肢があります。

同じほうびに対してより多くの努力を要求する、子どもがほうびを求めたら「今週で最後」と言う、子どもに次は何に挑戦したいか聞く、などです。

これらがどのように効果があるか見ていきましょう。

◎同じほうびに対してより多くの努力を要求する

リンダは、メロディーのピアノの練習を習慣化させる計画のときにこれを使いました。1週ずつ、メロディーは、引換券1枚に対する練習時間が長くなりました。

◎子どもがほうびを求めるのを待つ

子どもがスキルを学ぶとき、ほうびに関心を失うことがよくあります。

子どもが雪遊びから帰ってきたときに、コートをかけてほしいなら、子どもがそうしたら温かいココアというほうびを与えます。最初のころは毎回子どもにココアをあげますが、しばらくしたら子どもが要求するのを待ちます。目新しくなくなると、多くの子どもは要求するのを忘れます。

◎「今週で最後」と言う

望ましい行動が身についたと思ったら、子どもにほうびをあげるのは今週で最後だよと言います。そして、新しいスキルが身についたことをお祝いするのに何がしたいかを聞きます。それから成功を祝い、いっさいの責任を子どもにまかせます。

◎ほうびがなくなったらやめる

限られた数のほうびで始め、それがなくなったら、終わりにします。ある女性は息子のトイレ・トレーニングでこれを実行しました。息子は車が好きだったので、トイレを使おうとしたときのために車のステッカーを、成功したときのためにミニカーを買いました。運よく、息子がトイレを使えるようになった直後に、ステッカーもミニカーもなくなりました。

◎子どもに次は何に挑戦したいか聞く

子どもがある行動をできるようになったが、まだほうびをもらいたがっていると思うなら、子どもに次はどんな新しいスキルを身につけたいかたずね、新しいプランを始めます。

この章では、よい行動を見つけることがどんなに大切であるかということから始め、どのようにしてよい行動に対応するか考えてきました。それから、注目する、ほめる、ほうびを与えることでどのようによい行動を習慣にするかを見てきました。

次の章では、スター・ペアレンティングのポイントの3つ目「感情を認める」について見ていきます。

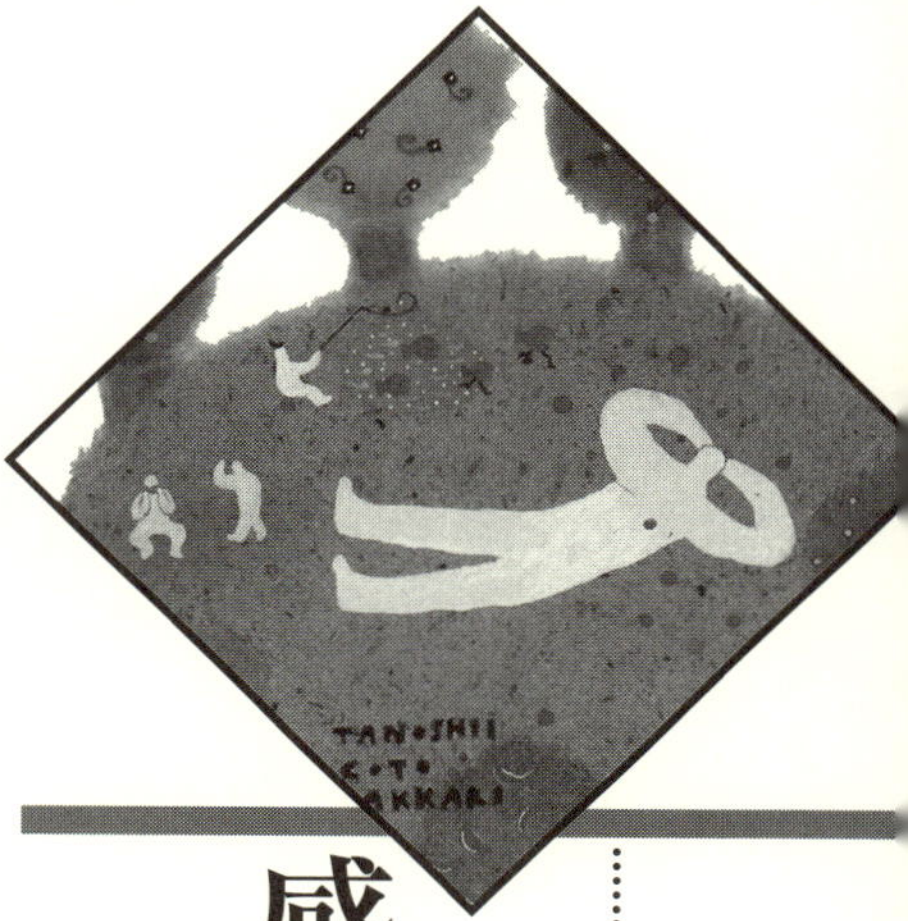

第6章 感情を認める

◉感情を認めるツール

- ⊙簡潔に聴く
- ⊙積極的に聴く
- ⊙空想で応じる

アーロンは幼稚園でつらい思いをしていました。彼の母親は幼稚園で先生の手伝いをしていました。アーロンはお母さんを独り占めしたかったので、家に帰りたがりました。

先生は彼の近くに行き、彼に何かほかの活動に興味をもたせようとしました。「本を読んであげようか」「砂場で遊ばない？」「新しいパズルがあるよ。きっと気に入るよ」

彼は「いやだ、おうちに帰りたい」と、親指をしゃぶりながらつぶやくのです。

彼の母親がそれに気づき、どうしたの、とたずねると、アーロンは「おうちに帰る。おうちに帰る！」と答えました。

お母さんは、「あなたはママを独り占めできないので、がっかりしているのね。おうちに帰って、ママを自分だけのものにしたいのね」と答えました。アーロンは顔を上げて、微笑んで「うん」と言いました。それで問題は解決しました。彼はしょんぼりしているのをやめて、仲間に加わることができたのです。

お母さんはアーロンがどう感じているかを理解し、彼の感情を認めましたが、感情を変えようとはしませんでした。彼女は、今日は幼稚園で働く日だから、と弁解したり、彼の問題を解決しようとはしませんでした。単に彼の感情を認めただけでした。

感情を認めるとは、判断したり、同意したりするのではなく、あるがままの感情を受け入れることをいいます。感情にはよいも悪いもないことを覚えておくと役に立ちます。

子どもの感情を認めることで子どもは成長し、変化するのに必要な余地ができます。

感情を認めるときに使う3つのツールは「簡潔に聴く」「積極的に聴く」「空想で応じる」です。

これらのツールを見ていく前に、まず、感情の性質や、親が子どもの感情を軽視する4つのやり方を見ておきましょう。

感情の性質

私たちがもつ喜怒哀楽の感情はよくも悪くもありません。行動とは違います。そして、感情はさまざまな方法で表現されます。

感情はよいものでも悪いものでもない

感情はただ存在するだけです。感情は人生の出来事に対して、からだが反応するものです。

愛情はよくて、怒りは悪いと思う人もいますが、どちらも感情で、いいも悪いもありません。そして、どちらも、健全にも不健全にも表現できます。1991年にアメリカのテキサス州で起きた、ワンダ・ホロウェイの事件は、愛情が間違った方向で表われた例です。ワンダは、娘をチア・リーディング・チームのリーダーにしたくて、リーダー候補の子どもの母親のヴァーナ・ヒースを殺す計画を立てたのです。これは愛情ゆえの行為ですが、不健全な愛情です。

これほどではないにせよ、愛情ゆえに失敗することもあります。たとえば、子どもが不安なときに親がいつも物事を解決してあげるような愛情の表わし方は不健全です。というのは、子どもが自分の感情や人生を管理するのに必要なスキルを学ぶのを妨げるからです。

同様に、怒りの表わし方にもまた健全なものと不健全なものがあります。成長をうながすようなやり方で表現されるときは健全です。たとえば、13歳の娘を酒酔い運転で殺された、悲しみに打ちひしがれた母親は、怒りをプラスの方向に向けました。友人たちと一緒に、娘と同様の犠牲者を助け、酒酔い運転は犯罪であるという世間の通念をつくりだすために、ＭＡＤＤ（酔っ払い運転に反対する母親たち）というグループをつくりました。

◉感情の表わし方には健全なものと不健全なものがある

健全な怒り	不健全な怒り
空気をきれいにする	感情的に傷つける
変化を起こさせる	人や物を傷つける
コミュニケーションを増す	

健全な愛情	不健全な愛情
協力的である	過保護である
思いやりがある	成長を妨げる
無条件である	

☀――感情と行動は違う

怒ってもいいのですが、人を傷つけるのはいけません。子どもに感情は内側にあり、行動は外側にあることを教えるのが大切です。感情は、私たちに何が起きているか、私たちが何を考えているのかについての手がかりを与えます。大事なのは、今どんな感情を感じているのか、なぜその感情をもっているのかをつきとめ、自分がどのように反応するのかについて考えることです。

たとえば、子どもが退屈し、妹とけんかを始めたとします。退屈するのはいいのですが、妹にけんかを売るのはいけません。退屈にはほかの方法で対処できるのです

どんな感情もすべて認められるものですが、すべての行動が許されるものではありません。

☀——感情はさまざまな方法で表わされる

子どもがイライラしていたら、深呼吸、前向きな独り言、イライラを振り落とすなどの、自分を落ちつかせるツールを教えることができます。『子どもの心をしずめる24の方法』には自分を落ちつかせる24のテクニックと、自分を落ちつかせるスキルを教える方法が書かれています。

たとえば、子どもが退屈したら、本を読んだり、兄弟を遊びに誘ったり、兄弟のしていることを手伝ってあげたり、積み木で要塞をつくったり、誰かを驚かせるプレゼントをつくったり、親にアイデアを求めたりできます。

退屈な時間は大切で、子どもに何か面白いことを考えるようにうながすことで独創性をのばせます。

親が自分の考えや行動を明確にして手本を示せば、感情はさまざまな方法で表現できることを子どもは学ぶことができます。イライラしたら、「頭にきたわ！　大声で叫びだしたい。でもそうしない。３回深呼吸して、それから次にどうしたらいいか決めましょう」と言いましょう。

感情をさえぎるもの

大人が子どもの感情をさえぎるやり方が4つあります。「否定する」「減らす」「軽視する」「解決する」です。それらを簡単に見ていきましょう。

否定する

親が子どもに、子どもがある感情をもっているのに、そう感じてはいないと告げることです。「泣くのをやめなさい。おまえは実際には傷ついていない。すぐによくなる」または「おまえはビリーを嫌いではない。彼は友だちだ」などです。

減らす

子どもに、過剰に反応している、問題はあっても思っているほど深刻ではない、と告げることです。「そんなにひどくはないよ。すぐに気分がよくなるから」とか「小さいことを大げさに言っている」とか「そんなに怒らないで。ビリーはおまえの飛行機を壊すつもりはなかったんだよ」などです。

軽視する

子どもに、自分が問題を起こしたのだから、そんなふうに感じる権利はないと告げることです。「泣くのはやめなさい。足元に注意していたら、落ちることはなかったのに」とか「静かにしなさい。飛行機を片づけていたら、ビリーに壊されなくてすんだのに」などです。

☀——解決する

子どもがそれ以上強い感情をもたないように、親が問題を解決することです。やがて、子どもは感情をもつのはよくないことだと感じるようになり、大人が状況に対処してくれるのをあてにするようになります。「おいで、傷口に絆創膏を貼ってあげる」とか「飛行機を貸してごらん。翼を糊づけしてなおしてあげる」などです。このような親の反応は、感情に対処する責任を子どもから取り上げることになります。

☀——感情をさえぎらない方法

感情をさえぎらない方法が4つあります。

「簡潔に聴く」「積極的に聴く」「限度を設けて積極的に聴く」「解決案を出して積極的に聴く」です。

「簡潔に聴く」とは、何も判断をまじえずに、子どもの感情をサポートすることです。

「積極的に聴く」とは、子どもの感情と状況を結びつけることです。

この2つが、スター・ペアレンティングの「感情を認める」のツールです。これから詳しく見ていきましょう。

「限度を設けて積極的に聴く」とは、子どもの感情を認め、限度を設けることです。

「おまえは妹が部屋に入ったので怒っているが、人にふれるときにはやさしくふれるものだ。イライラしているときもね。妹を叩くのはよくない」

「解決案を出して積極的に聴く」とは、子どもの感情を認め、子どもに感情やその状況に責任をもたせることです。子どもは、親に助けを求めるか、自分のやり方で問題を解決するかを決めることができます。

●感情をさえぎる言い方・さえぎらない聴き方

状況：イーサンはまだ新しい自転車にうまく乗れない。30分ほどやってみたあと、彼は怒って自転車を放り投げ「この自転車きらいだ！」と叫ぶ。

否定する「そうじゃないよ。おまえは新しい自転車が大好きだ。昨日買ってもらったとき、どんなに興奮したか思いだしてごらん」	**簡潔に聴く**「ふーん」「まあ」「なるほど」
減らす「落ちついて。そんなに大騒ぎしないで。誰でも自転車に乗れるようになるには時間がかかるよ」	**積極的に聴く**「新しい自転車に乗れないので、イライラしているんだね」
軽視する「泣くのをやめなさい。私の言うとおりにしたら、問題は起きないはずだ」	**限度を設けて聴く**「怒るのはかまわないけど、自転車はていねいに扱わないとね」
解決する「さあ、自転車に慣れるまで、補助輪をつけてあげるから泣かないで」	**解決案を出して積極的に聴く**「自転車に乗れないのでイライラしているようね。自転車に慣れるまで補助輪をつけてほしい？」

感情の性質と感情をさえぎるものを見てきましたが、これからスター・ペアレンティングの「感情を認める」の最初のツールである「簡潔に聴く」について見ていきましょう。

感情を認めるツール1：簡潔に聴く

このツールは、子どもが不安に思う問題を自分で解決する間、サポートするためのものです。これは、学齢期の子どもや十代の子どもには効果がありますが、幼児や園児にはあまり効果がありません。簡潔に聴くことは、会話の主導権を子どもに残しておくことです。質問はしません。アドバイスもしません。簡潔に聴くことで、自分の感情を小出しにし、問題について考え、解決策を見つける余地を子どもに与えます。

親が子どもと感情的な結びつきがあり、問題を子どもにまかせると、このプロセスは簡単になります。

☀──簡潔に聴く方法

簡潔に聴くときには、親は、今やっていることの手を止め、子どもに集中します。本を読んでいるなら、下に置きます。パソコンに向かっているなら、手を止めます。あなたがちゃんと聞いていることを、以下のような判断をさしはさまない相づちで子どもに伝えます。

まあ　なるほど　冗談でしょう
うーん　ほんと？　それはどうなの？
ええ　まあ、大変！　もっと聞かせて

これらは、友だちと電話で話すときによく口にする言葉です。これであなたが子どもに関心を向けていることを知らせるのです。

それでは、これらをどのように会話にはさめばいいのでしょうか？　簡単です。次の会話を読んで、お父さんが息子のデビッドにどのように反応しているか見てみましょう。

◉友だちとのトラブル

デビッドが隣の家の友だちと遊んで帰ってくる。

デビッド	お父さん
ボビーなんかきらいだ。	そう？
ボビーはいじわるだ。	おや、まあ。
新しい自動車で遊ばせてくれないんだ。	ほんと？
壊れやすいからって。さわるなって。	ふーん。
でも、ぼくは壊さないよ。気をつけるから。	なるほど。
ぼくのガラスの豚の置物を持って行ってボビーにさわらせてあげるよ。	
代わりに自動車にさわらせてくれるかも。	うーん。

じゃあね。パパ。	行っておいで。

✳――簡潔に聴くことと親のコントロール

お父さんが、「おまえはボビーがきらいじゃないよ。一番の友だちだろう」とか、「ボビーの模型飛行機を、本当に飛ぶかやってみて壊したじゃないか」と言ったら、会話はどう進んだと思いますか？　また、デビッドに「何か一緒に遊ぶものを持って行ったら」と言ったら？

デビッドはおそらく、自分を正当化するか、怒って部屋から出て行ったでしょう。

お父さんはデビッドに、自分で何かを考えだす時間を与え、サポートしたのです。

簡潔に聴くことは、学齢期の子や十代の子どもにも効果があります。以下の、ジェイコブが感情を発散させるシーンでわかります。

◉先生とのトラブル

お母さんは台所のテーブルで家計簿をつけている。ジェイコブがむっつりして学校から帰ってくる。

ジェイコブ	お母さん
（部屋にどたどたと入ってくる。）	お帰り、ジェイコブ。
（本をカウンターに投げつける。）	いやな日だったようね。

（スナックを用意し、つぶやく。）	
彼はばかだ。ばか。ばか！	（何も言わない。）
（お母さんに向かって）先生はばかだ！	ほんと？
そう、ブラウン先生は紙袋から出る方法も知らないほどばかだ。	おやまあ。
右手も左手もわからない。	ふーん。
ぼくが自習室でホセの勉強の手伝いをするのが気に入らないんだ。	まあ。
ホセは数学で困っていて、彼に説明してあげていたんだ。	そう。
誰にも迷惑はかけてなかった。 そうだよ！　でもあの先生はぼくたちが騒ぎすぎだと言うんだ。	ふーん。
うん。放課後にすればよかったかも。	そうね。
でも、自習の時間を使わないのはばかだよ。 そのためにあるんだから。 何をしているか先生に言って、 どこで勉強したらいいか聞けばよかったのかも。	たぶんね。
じゃあね、ママ。	またね。

お母さんは賢明にも、ジェイコブに無視されたとき、状況をコントロールすることも、お互いの気持ちのずれをなんとかしようともしませんでした。まるで彼がお母さんを試しているかのようでした。「ママは、このことを処理するのを自分にまかせてくれるだろうか、それとも割りこんでくるだろうか？」ジェイコブが自分のほうを向いて話をするのを待つことで、お母さんは彼に、自分で問題を解決してほしいと思っていると伝えたのです。

なぜ簡潔に聴くことが効果的なのか？

簡潔に聴くことが効果的なのは、大人が子どもに、子どもが自分自身の問題の解決法を見つけるのに必要なサポートを与え、親からの自立を促すからです。

この方法の利点のひとつは、子どもが自分で使うことのできるスキルを発達させるということです。どんなに好意的な意図であっても、大人が介入して、質問したり、アドバイスをすれば、大人が状況をコントロールすることになり、大人の知恵に頼ることを奨励することになります。

次の例で、このツールでタイラーがどのようにして自分で考えることができたかがわかります。タイラーの伯母さんがその出来事を振り返っています。

私たちは、妹夫婦と2人の子どもを、妹の娘サマンサの高校卒業を祝うために、素敵なレストランでの食事に誘いました。大人たちとサマンサはその場にふさわしいきちんとした服装をしていました。サマンサの弟のタイラーは、服を着替えるのが面倒だと、古いTシャツと穴の開いたジーンズでした。

私たちがレストランに着くとすぐ、タイラーはショックを受けたようで、「ぼくはクズみたいだ」と言ったのです。彼はその場にふさわしくない、くだけた格好をしていると気づいたからです。私は「服装だけよ。人はくだけた格好だと、たいていばつの悪い思いをするものよ。でも、誰も傷ついてはいないし、食べ物もおいしいことに変わりないわ」と答えました。

家に帰る途中、私はタイラーに、状況にうまく対応できたねと言いました。「あなたは機嫌よく、静かに話し、会話に加わってくれたわ。次にこんな機会があったら、どんな服装がふさわしいかわかるためにはどうしたらいいかしらね」

タイラーは少し考えて、「簡単さ。出かける前に、まわりのみんながどんな服装をしているか見ればいい。それから、そのレストランでは、どの程度の服装が適当か下調べするよ」と言いました。

あとになってこの出来事を振り返ってみると、タイラーの両親が、彼がまごつくとしても、彼に好きな格好をさせたのは賢明だったと思います。もし彼らがタイラーに無理やりふさわしい服装をさせたら、彼は一晩じゅうどんな服装が適当かを考えるより、くだけた格好の人たちがほかにいるのを指摘することで、自分を正当化していたでしょう。

どうやったら子どもの感情から離れていられるか

親は、自分がコントロールしていないと、子どもが失敗するのではないかと、心配になることがあります。そうかもしれませんし、そうでないかもしれません。子どもにやらせてみなければわかりません。

子どもの感情から上手に離れていられる方法が5つあります。

◎肯定的な独り言を言う

子どもが困っているとき、自分に向かって「あの子は必要なときには助けを求めてくるはず」とか「このことを自分で解決する時間を与えてみよう」と言ってみます。

◎成功をイメージする

子どもが直面している問題をうまく処理するところを想像します。

子どもがどんなスキルを使っているかを具体的に思い浮かべます。そして、自分がそのことをどれほどうれしく思うかを予想します。

子どもについて何か不安に感じたら、常に、それを成功のイメージと喜びの感情に置き換えます。

◎計画を立てる

計画があれば、介入しないで待つのが簡単になります。

たとえば、「もし子どもが学校から帰ってきて台所にどかどか入ってきたら（行動）、1週間（期間）、私は彼に、何が起きたかやさしくたずねよう（行動）」など。

こうすることで、離れていても、子どもを見捨てることなく、子どもが自分でどうするか考えるチャンスを与えることができます。

◎ことわざを覚えておく

物事を覚える過程では、いろいろなことにぶつかる、ということを覚えておくと役に立ちます。アメリカには、これに当てはまる「経験から知恵を授かり、失敗によって経験は得られる」ということわざがあります。

◎自分自身を見なおす

もしあなたが子どもと離れていることが難しいなら、なぜそうなのかを見つけだし、あなたが変わるための具体的なスキルを身につけるために、カウンセリングを受けてみましょう。

これまで「簡潔に聴く」というツールを見てきました。このツールは「子どもに自分の感情の処理をまかせる」ということに重点をおいています。

次に、「積極的に聴く」というツールについて見ていきましょう。

……感情を認めるツール２：積極的に聴く

積極的に聴くことで、子どもに、イライラしている感情とその状況の両方を振り返らせることができます。親は、判断も、質問も、解決もしません。そして、子どもに感情を表わす言葉を与え、子どもが感情と行動の区別をするのを手助けすることになります。

この章のはじめの、アーロンが幼稚園でがっかりしたときの話を思いだしてみましょう。アーロンのお母さんが「ママを独り占めできないので、がっかりしているのね」と言ったときに、お母さんは積極的に聴くツールを使っているのです。

このツールでは、子どものおかれている状況を言葉で表わし、そのときの感情に名前を与えます。次の表で感情と状況の表わし方を見ましょう。

感情	状況
あなたは怒っている。	あなたは今、家のなかに入らなければならない。
あなたはイライラしている。	ブロックをてっぺんに載せられない。
あなたは怒っている。	寝る時間だ。
あなたはがっかりしている。	お兄ちゃんと一緒にパーティーに行けない。
あなたは退屈している。	繰り返し算数の問題を解いている。
あなたは悲しい。	友だちのパーティーに招待されなかった。
肯定的な、楽しい感情も表わします。たとえば、	
あなたは誇らしい。	今朝、自分で服を着られたから。
あなたは興奮している。	おばあちゃんとおじいちゃんが来るから。
あなたは満足している。	毛布にくるまって本を読んでいる。
あなたはうれしい。	算数のテストで100点をとった。

積極的に聴く方法

積極的に聴くには、感情に名前をつけ、その感情に先立つ状況を言葉で表わし、親が自分の感情を差しはさみたい誘惑に打ち勝つことです。

感情を表わすさまざまな言葉

感情に名前をつけるときは、さまざまな感情を表現しましょう。親はよく、同じような言葉——悲しい、怒っている、イライラしているなど——を繰り返し使うことがあります。このような単純な表現ばかりしていると、子どもの本当の感情を覆い隠し、子どもがそれに気づくのが難しくなることがあります。心理学者やカウンセラーの多くが、怒りは第二の感情で、恐怖や嫉妬のような別の感情を覆い隠していると言っています。

積極的に聴いていると、しだいに感情を表わす言葉が増えてきます。

心地よい言葉	不愉快な言葉
楽しい	怒る
興味津々	困る
夢見心地	落ちこむ
興奮する	がっかりする
うれしい	まごつく
満足する	激怒する
誇らしい	悲しい
たわいない	おびえる
歓迎する	心配な

引き金となる問題を簡潔に言葉にする

親が、なぜ子どもが、楽しい、怒っている、イライラしていると思うかを言葉に出すことは、有効です。

幼い子どもは、自分の感情が何かと結びついていることに気づかない場合があります。感情はわけもなく突如わき起こると思っているかもしれません。同じような状況のときに同じ感情をもつことに気づけば、その状況に対応する別のやり方を学ぶことができます。

親の感情を差しはさむのを避ける

たとえば、親が「風船が割れてごめんね」と言えば、子どもではなく、親の感情について話していることになります。「風船が割れて、イライラしているのね。ごめんね」と言ったとしても、まだ親の感情に焦点を当てていることになります。

単に「風船が割れてがっかりしているのね」と言ったほうがいいのです。それなら、混乱もなく、子どもが自分の感情を自分のものとして受け止めることができます。

感情を言葉にするときに考えを表わす動詞を使わない

考えを表わす動詞とは「私は知っている」「私は信じている」「私は理解している」などです。このような動詞をはさむと、子どもの感情より親の考えに焦点が向けられます。

たとえば、「私は、ブライアンが今日来られないので、あなたが悲しいのがわかっている」と言うのは、「親が知っている」ことに焦点を当てていることになります。

「あなたは、ブライアンが来られないのでがっかりしているのね」と言うと、子どもの感情に焦点を当てていることになります。

よくある間違い

「積極的に聴く」というツールを使うときに、よくやる間違いがいくつかあります。次の例を読んでみましょう。

状況：シャロンと娘のアビーは散歩に出かけようとしていました。突然、一匹の犬が激しく吠えて、２人に向かって走ってきました。犬は庭のフェンスにぶつかりました。シャロンとアビーはびっくりして、アビーは泣きだしました。急いでシャロンはアビーを、フェンスから離れた安全なところに連れて行き、こう言いました。

間違い	間違いの例	なおし方
感情を表わす言葉がない	「犬があんなに大きな声で吠えなければいいのにね」	感情を表わす言葉をはさむ 「あなたはうるさく吠える犬が怖いのね」
状況を述べていない	「あなたは本当に怖かったのね。からだがこわばっているからわかるわ」	状況を加える 「犬が吠えたので、本当に怖かったのね。からだが硬くなっているよ」
親の感情	「犬が怖かったのね、ごめんね」	親の感情を省く 「犬が怖かったのね」
質問をする	「どうして泣いているの？　犬の声は大きかったけど、怖がる必要はないよ」	質問をしないで、感情と状況だけを述べる 「うるさく吠える犬が怖かったのね」
問題を解決する	「犬が怖かったのね。安心するように抱いていてあげる」	子どもに助けが必要かをたずねる 「犬が怖かったのね。安心するようにママに抱いていてほしい？」

アドバイスをする	「耳をふさぎなさい。犬の鳴き声がそんなにうるさくなくなるから」	アイデアがほしいかたずねる 「犬の鳴き声を小さくする方法を教えてほしい？」

◎◎◎…………よくある心配

「感情を認める」というツールを使うときによく抱く疑問や心配を紹介して解説しましょう。

ふさわしい感情を推測できないのではないか

ぴったりの感情を推測する必要はありません。

はじめのうちは、子どもは、感情には名前があり、行動とは違うのだということを知るだけでいいのです。幼い子どもは、感情を表わす言葉を覚えはじめているところです。子どもが自分の感情がわかるようになれば、親が間違って言葉を使った場合には、訂正するようになります。

感情と状況のどちらを先に認めるべきか？

どちらでも大丈夫です。

「イライラしているね。靴の紐が結べないのね」でも、「靴の紐が結べないので、イライラしているのね」でも効果があります。あなたにとって自然なほうを使いましょう。

☀——積極的に聴くと子どもが反発する

十代の子どもや学齢期の子どものなかには、親が積極的に聴くのをいやがる子がいます。

子どもたちは、「そんなこと言わないで」とか「いや、そうじゃない」と言ったり、うんざりしたり、避けたがったりすることがあります。子どもがそのような態度をとるのは、親が感情についてしゃべりすぎる、親が詮索していると感じる、親の反応が変に聞こえるからです。

◎感情についてしゃべりすぎる

親はわざと感情を「話題にする」ことがあります。子どもの感情を認めることは大切ですが、やりすぎる場合もあります。その傾向があれば、自分の感情や子どもの感情について、どのくらい話題にしているかを観察し、その回数を半分か3分の1に減らしましょう。

◎個人的なことに立ち入る

子どもが幼いときは、「パパがお仕事に行くので寂しいのね」などと、感情に名前をつけるのは役立ちます。しかし、大きくなるにつれて、子どもが感じていると思うことをそのまま言葉にすると、子どもはばかにされているように感じることがあります。「……に思えるわ」「……はどうかしら」「あなたの年ごろの子どもは……」のように、少し距離をおいた言い方を使ってみましょう。このやり方で効果がなければ、「簡潔に聴く」か「空想で応じる」ツールを試しましょう。

◎言い方が変に聞こえる

新しくこのツールを使いはじめたときには、ぎこちなく、こなれた言い方ができないことがあります。それをいやがる子どももいます。できるだけ誠実に感情を認めましょう。また、自分でぎこちないなと感じたら、新しいスキルを練習しているところなので、身につけるまでがまんしてね、と子どもに頼むのもいいでしょう。

「積極的に聴く」を見てきました。次に、「空想で応じる」ツールについて見ていきます。

感情を認めるツール3：空想で応じる

「空想で応じる」は、「感情を認める」の3番目のツールです。現実では与えることのできないものを与えるふりをします。

これを実行するには、子どもの感情を理解し、どうしたら子どもの願いをかなえてあげられるかを想像します。ジェシカが空想で応じた経験を語ります。

私たちは、おばあちゃんの家まで車で行こうとしていました。3時間のドライブで、途中で止まって子どものほしいものを買う時間はありませんでした。エリーがアイスクリーム店を見つけ、アイスクリームをほしがりました。論理的に車を止める時間はないことを説明するかわりに、私は空想で応じました。

「エリー、アイスクリームがほしいのね。うちの車をアイスクリームマシンとアイスクリーム店に変えることができたらどうかしら？　そうしたら、ママは砂糖のコーンにイチゴのアイスクリームがいいな。あなたは何が好き？　どんなコーン？　シングル？　ダブル？　トッピングはいる？　どこで食べたい？　窓際の席、それともアイスクリームマシンの横？」

やがて、お兄ちゃんがリクエストを言いだしました。

私たちは「完璧なアイスクリームコーン」をつくったり、うちの車をどうすれば小さなアイスクリームパーラーに変えられるかという計画を、かなりの時間話し合いました。

私は空想が子どもたちを満足させたことに驚きました。

空想で応じると人を落ちつかせる

子どもに、ほしいものを手に入れることができないと告げると、子どもは自分が無視されたように感じることがよくあります。理屈でなぜ手に入らないのかを説明しても、不機嫌になる場合があります。そんなときに、ほしいものを空想で与えれば、自分の言うことを聴いてもらっていると感じます。親が子どもの感情を共有することで、子どもは自分の気持ちを受け入れられたと感じます。

エヴァンがどんなに容易に落ちついたかを見てみましょう。

妻のアンナは近くの病院での夜勤があり、私が毎晩息子たちを寝かしつけていました。３歳半のエヴァンは、この夜ばかりはお母さんにそばにいてほしがりました。

私は、ママはお仕事だから、帰ってきたらおやすみのキスをしてくれるよ、朝になればお話ができるよ、と説明しました。説明すればするほど、エヴァンは興奮し、頑固になりました。「今すぐママに帰ってきてほしい！」

苦しまぎれに私は、前の週にスター・ペアレンティングのクラスで習った「空想で応じる」ツールを使ってみることにしました。それがどのように役立つかわかりませんでしたが、それ以上ひどい事態にはならないだろうと思ったのです。

私は両腕で水晶の玉を表わす大きな円をつくりました。それから「大きな水晶玉があって、仕事中のママを見ることができたら楽しいと思わないか？」と言いました。私は水晶玉をのぞきこみ、「ママがひとりきりでいたら、水晶玉に手をつっこんで、ママを家に連れて来られるよ」、私は話しながら水晶玉に手をつっこむふりをし、妻を連れ帰る動作をしました。

びっくりしたことに、エヴァンはため息をついて、「そう。ぼくもそうしたい」と賛成したのです。10分間、論理的に説得しても効果がなかったのに、2分間の空想で彼は落ちついたのです。

次のマリーの話が示しているように、空想で応じることは、性質上とっぴで大げさなものになることがあります。

私は息子たちをお風呂に入れようとしていました。アレンはアニメのキャラクター人形をまた買ってほしかったのに買ってもらえなかったので、ぶすっとしていました。私はお風呂の時間よ、人形はたくさん持っているじゃない、と説明しましたが、彼の怒りは増すだけでした。それで私は空想で応じてみました。

「アレン、あなたのほしがっている人形を買ってあげられたらいいのにね。新しい人形が5個買えたらいいのにね。人形をいっぱい積んだダンプカーを運転して、あなたと一緒にお風呂に放り投げることができたらいいのに。屋根をとり払って、家じゅう人形でいっぱいにできたらいいのにね」

そのころには、アレンは笑っていて、お風呂に楽しく入ることができました。


「空想で応じる」ツールを使うときは、子どもの話に耳を傾け、あなたが同じ状況のときに何をほしいと思うかとか、子どもが何をほしがると思うかではなく、子どもが何をほしがっているかをもとに空想します。空想には、アイスクリーム店のような単純なものから、アニメのキャラクター人形がいっぱい詰まった宇宙船のような大げさなものまであります。

空想で応じるときに注意すること

空想であって、仮定ではないことに注意しましょう。

もし車で通りを走っていて、子どもがアイスクリーム店を見つけ、あなたが「アイスクリームが買えたら楽しいでしょうね?」と言ったら、子どもはあなたがアイスクリームを買うことに同意したと思うでしょう。というのは、それが可能だからです。

でも、「うちの車がアイスクリームメーカーなら楽しいでしょうね? そして窓の外を見ることができるように、急いで食べなければならないとしたらどうかしら」と言ったら、これは明らかに空想です。

「空想で応じる」は、子どもがイライラしていて、どうしたらいいかわからないときに試すと楽しいでしょう。

また、これは明らかに空想であって、いやがらせととられないようにしてください。

感情を認めることには多くの利点があります。

まず、気分が軽くなります。

自分の話を聴いてもらっている、判断されていない、と思うことで子どもの自尊心を高めます。

子どもの感情を表わす言葉を発達させるのに役立ちます。

感情と行動を分けて考えるのに役立ちます。

子どもが自分の感情や他人の感情を尊重することを奨励します。

そして、子どもに自分で状況を解決させることになります。

感情を認め限度を設ける

感情を認めるというのは、子どもに好きなことをなんでもさせることではない

感情をもつことはＯＫですが、感情の表わし方がよくないときがあります。

もし子どもが怒っていて、人や物を傷つけたら、その行為はやめさせる必要があります。感情を認めながら、限度を明確にします。次のような言い方を使いましょう。

感情を認める	限度を設ける
怒るのはＯＫよ。	そして、妹を叩くのはよくない。妹にどんなに怒っているか伝える方法を見つけなさい。
本当に怖そうね。	そして、お医者さんには行かなければならないよ。
イライラするのはＯＫ。	そして、みんなを困らせるのはだめ。落ちこむのはかまわないよ。

「でも」と「そして」について一言

「でも、しかし」よりも「そして、そうすると、それで、また」を使うことが大切です。「でも」という言葉は、前の言葉や内容を打ち消します。一方「そして」は前後の言葉をつなぎ、どちらも大切だと感じさせます。

次の２つの文章を言ってみて、どんなに違って感じるかに注目しましょう。

「私はあなたを愛している。でも、あなたは連れて行けない」

「私はあなたを愛している。そして、あなたは連れて行けない」

最初の文章では、主要なメッセージは「あなたは行けない」です。まるで「私はあなたを愛している」は、まったくなかったかのようです。二番目の文章では、「愛」と「限度」の両方が伝わります。子どもは残されると感じるかもしれませんが、見捨てられたとは感じません。

この章では、感情を認める3つのツール「簡潔に聴く」「積極的に聴く」「空想で応じる」を見てきました。感情が認められると、子どもはリラックスして、前に進む気持ちになり、問題を解決することができます。

次の章では、限度を設ける3つのツールと、どのようにして実行するかを見ていきます。

第7章　限度を設ける

◉限度を設けるツール

⊙明確なルールを定める
⊙結末を引き受けさせる
⊙よりよい方法を見つける

「限度を設ける」には3つのツールがあります。「明確なルールを定める」「結末を引き受けさせる」「よりよい方法を見つける」です。

これらは、適切な限度を設ける方法を紹介していますが、その前にまず、ルールの性質とそれを定める理由について見ていきましょう。

3歳のエヴァンは友だちのポールの家のソファで楽しく遊んでいて、お母さんがそろそろ帰りましょうと言うのを無視しました。お母さんは「帰る時間よ。ママは帰るよ。一緒に帰る？　それともここにいたい？」と言ったのですが、エヴァンは遊びつづけました。

ポールのお父さんがエヴァンのところに行って、「エヴァン、君の選択肢に遊びつづけるというのはないんだよ。『歩いて車まで行く？　それとも抱いて行ってほしい？』だろ？」と言いました。

エヴァンは、本当に抱っこして車まで運ぶつもりか試すようにポールのお父さんを見上げて、それから「歩く」と答えました。

明確で役に立つルールがある一方、漠然としていて、子どものやる気をなくさせるようなルールもあります。効果的な制限というのは、明確で、直接的で、正しい選択であり、子どもが信頼できるものでなければなりません。右の例では、エヴァンはお母さんの言葉を無視しました。お母さんが具体的な行動の選択肢を示さなかったからです。

なぜルールや制限が必要なのか？

ルールや制限は、どんな集団も安定させる力があります。ルールは子どもの創造力を制限し、子どもの自由な精神をそこなうと恐れる人もいますが、実は反対のことが起こるようです。いくつかの理由をあげてみましょう。

ルールは子どもの安全を守る

よくある安全に関するルールは、「通りでは走らない」「コンセントに物をつっこまない」「知らない人について行かない」などです。

ルールは、精神的な近道になります。もし、子どもが自分のとる行動の一つひとつを立ち止まって判断しなければならないとしたら、ほかのことをやる時間がなくなってしまうでしょう。

ルールは子どもに安心感を与える

遊ぶ場所がオープンな場合、フェンスや垣根のようなもので境界線がはっきりしていれば、子どもは安心してどこででも遊ぶことができます。

私は親たちにこれを説明するのに、長さ約1・5キロ、片側2車線の橋を例に出します。両側にフェンスがついている橋を、人々は時速80キロのスピードで渡ります。次に、橋はまったく同じですが、両側にフェンスがない状況を想像してくださいと言うと、ほとんどの親は身震いします。私が「安全だと感じますか?」とたずねると、答えは決まって「いいえ」です。

このように、効果を試さなくても、境界線があることが人に安心感を与えることはわかるでしょう。同様に、親が責任をもって絶えず「フェンス（境界線）」を与えていることを知っていれば、子どもは安心感を得ます。

また、私が親たちに、車から15~30センチのところに塀があったらどう感じるかとたずねると、彼らは眉をひそめて、圧迫感があって動きにくいと言います。つまり、無理なルールや厳格すぎるルールは子どもを窒息させますが、適切なルール（現実的であるが厳格でない限度）は子どもに安心感を与えます。

☀——ルールは、いつ、どのように「ノー」を言うかの手本となる

子どもは成長するにつれて、卑劣な行為や愚かな行為、または危険な行為に走る機会が多くなります。ルールを定めれば、万引きや、ドラッグ、セックス、盗みなどに仲間から誘われたとき、いつどのように「ノー」を言うかの手本を示すことになります。

親が子どもの人格を尊重したうえで、限度を設けることは、子どもに、他人に対する境界線の引き方を示すことになります。

☀——ルールは社会の期待を明確にする

「他人の物を盗んではいけない」「許可なく物を借りてはいけない」「許可なく他人の家（庭）に入ってはいけない」「許可なく人にさわってはいけない」「道の左側を運転すること」「人前では洋服を着ること」

人前でどのように行動すべきかについては、実に多くの細かいルールがあります。ドラッグ依存症の親に育てられて、社会のルールを身につけられなかった子どもの例として、次のような話があります。

ナンシーは3歳半になる孫のタイラーを育てていました。彼は、ナンシーと一緒に暮らすようになるまで、3年間、ドラッグ依存症の親のもとで放ったらかしにされていました。ある日、2人で丘の上の公園を散歩しているとき、タイラーは、ピクニックに来ていたある家族が食事をしていて、スイカまで用意されているのを見つけました。彼はナンシーの手を振りほどき、丘をかけ上がってその家族のところへ行き、スイカを一切れつかみ、丘をかけ下りてきました。

タイラーの行動は、彼が育った環境では理解できることでした。つまり何かを得るためにはそれをとるしかなかったからです。しかし、彼は、ほしい物を手に入れるためには、「とる」のとは別の方法があることを学ぶ必要があるのです。

……健全な限度、不健全な限度

適切な限度は子どもに安心感を与えますが、厳格な限度は子どもを窒息させると言いました。子どもには適切な限度が必要ですが、すべての限度が健全だとは言えません。この違いがはっきりわかるように、ジーン・イルスレイ・クラーク*が開発した「制限線」を使って説明しましょう。制限線とは次の6つのタイプのルールで、4つは不健全で、2つは健全なものです。

＊訳注——アメリカを代表する親教育者。親教育に関するベストセラー本をたくさん出している。3人の子どもの母親で、ミネアポリス州に夫と暮らす。

厳格なルール

いったん決めたら厳格なルールは変わりません。コンクリートのように硬いもので、新しい情報や環境の変化に対応しません。

この場合、大人はルールに従うことが何より大切だと信じています。そして、子どもが受けとるメッセージは、「あなたは大切ではない」「自分で考えるな」「もし間違いを犯したら、おまえを見捨てる」というものです。

批判的なルール

明確な行動基準を示すより、むしろ子どもに「悪い子」というレッテルを貼ることです。

この場合、大人は子どもを軽視したり、無視したり、子どもの間違いを大げさにとらえて、ルールをつくりますが、それは子どもに失敗する方法を教えるようなものです。

子どもは、「おまえが悪い」「能力があるとか成功できると思うな」とか「おまえは愛らしくない」というようなメッセージを受けとるでしょう。

☀――交渉できないルール

行動の内容がはっきりしていて、必ず従わなければならないものです。子どもはルールに従えば、ほうびがもらえ、そうでなければ「結末」を引き受けなければならないことを知っています。しかし、交渉できないルールであっても、家族のメンバーの幸福感が変わるなど状況が変われば、修正されることもあります。

子どもが受けとるメッセージは、「おまえの安全や幸福は私にとって大切だ。私は喜んで、おまえの責任をもつ」というものです。

交渉できないルールには例外がありません。安全に関するルールは交渉できません。たとえば「とがったナイフにさわらない」「車ではシートベルトを着ける」などです。

☀――交渉可能なルール

交渉可能で、その後、必ず実行されるものです。子どもには考えること、問題を解決することを教えます。また交渉した後は、行動の内容が明確で、必ず従わなければなりません。

子どもは考えて、アイデアを探し、交渉します。子どもは、「おまえの欲求は大切だ、他人の欲求も大切だ」というメッセージを受けとります。

交渉可能なルールには、時には例外があります。いつもの寝る時間が午後7時半でも、友だち一家が来るときや、特別なテレビ番組を見るときだけは8時まで起きていることが許されます。このように、柔軟に選択肢を増やしたり、特権を広げたりするために、ルールを応用することができます。

☀️―身勝手なルール

責任を要求せず、自由を許すことです。このようなルールは、子どもには心地よく聞こえるかもしれませんが、中身がありません。子どもには、親に従う必要がないことを暗に伝えています。子どもは「責任をもつな」「私はおまえが失敗するのを期待している」「おまえのしたいようにやっていい、反抗してもいい」「おまえの世話をするのは私の必要性があるからで、私の必要性のほうがおまえの成長よりもずっと大事なんだ」と受けとるでしょう。

☀️―ルールがない

大人は必ずしも、子どもにルールをつくったり、守ったり、接触できる立場にいるわけではありません。大人が子どものそばにいなかったり、病気やドラッグ依存症であったり、忙しすぎたりして、精神的にも情緒的にも不在の場合があります。

子どもの欲求は親にとって大切ではなく、子どもは、親が自分をかまってくれないと考えるかもしれません。また、子どもは生きのびるためには、ナンシーの孫のタイラーがしたように、自分でなんでもしなければならないと考えるかもしれません。

健全なルールとは、交渉できないもの、または交渉可能なものです。不健全なルールとは、厳格、批判的、身勝手なルール、またルールがないことです。

健全なルールは、子どもが愛されている、自分は能力があると感じるのをうながします。不健全なルー

◉6つのタイプのルールの例

	ドラッグ（薬物）に関するルール	宿題	トイレのしつけ
厳格	もう一度ドラッグを使ったら、家に帰って来てはいけない。	学校から帰ったらただちに宿題をしなさい。一度でもやらなかったら、ニックおじさんの農場にやってしつけをしてもらう。	毎日トイレでウンチをしなければならない。もしできなければ、下剤を飲ませるから。
批判的	おまえはいつもばかなことばかりしている。今度はドラッグか。兄さんみたいだ。兄さんが人生の失敗者だということを知っているはずだ。	おまえは宿題をすべきだが、能力がなくてどうしていいかわからない。まるでマーサおばさんそっくりだ。	ほんとに赤ちゃんなんだから。トイレでウンチもできないほどばかだ。おむつをしたまま、学校を卒業することになるよ。
交渉できない	ドラッグを使ってはいけない。もし使ったら、結末は……。	学業は大切だ。ほかのことをする前に宿題をすませなさい。	ウンチはトイレでしなさい。
交渉可能	ほかの子がドラッグを使っているところに出くわすこともある。そんなときは、彼らと一緒に遊ばず、違った活動を見つけなさい。	学業は大切だ。毎日宿題をしなければならない。帰ってすぐしたくなければ、どうしたらいいかプランを立てよう。	ウンチはトイレでするのよ。手伝ってほしければ、そう言って。
身勝手	ドラッグはからだに悪い。でも友だちはみんな時々ドラッグを使っている。おまえの好きにしたらいい。	おまえは今、宿題をする時間だろう。でも、あまり期待をかけすぎなのかもしれない。	ウンチはトイレでするのよ。でもおまえは幼すぎて、期待するのが無理かもね。
ルールがない	それについては話したくない。	好きにしなさい。私はかまわない。	おまえがどうしようとかまわない。

ルは、能力がないとか愛されていないという感覚や依存心を助長します。

境界線は、親が決めるルールから子どもがどんなメッセージや結論を引きだすかを見るのに役立ちます。ルールをどのように表現するかは、子どもがそれをどのくらい真剣に受け止めるかに影響を与えます。これを次に説明しましょう。

……要求・ルール・質問・命令を区別する

親は時として子どもに何を期待するかを伝える方法を間違うことがあります。要求、ルール、質問、命令と、区別するとよくわかります。

――要求とルール

私たちは子どもにしてほしいことを告げても、それを強制しないことがあります。それはルールではなく単なる要求です。親が子どもにしてほしいことはたくさんありますが、親はそれに子どもがきちんと従ったかを確かめるのにエネルギーをさきません。従ってほしいと願うなら、そのための努力を惜しんではなりません。

☀️──質問するか質問なしか

「お医者さんへ行く時間よ。上着を自分で着る?」

たいていの大人は、この言い方を「上着を着なさい」よりていねいな言い方だと思っていますが、幼い子どもは文字どおり、意見を求められていると受け止めます。子どもが「いやだ」と答えたときに、親が「もう出かけるよ。上着を着なさい」と言い替えれば、子どもは自分の意見は大事ではないと感じます。

子どもに上手に決断することを教えたければ、意見を求めたときには、子どもの選択を尊重しなくてはなりません。質問をするのは、「いやだ」という返事も受け止められるときだけにしましょう。

私は子どもが幼いとき、このことを学びました。息子が「いやだ」と言ったら、私は「それなら、しばらくしてから出かけましょう」と答えました。しだいに私は話す前に考え、「OK」でも「いやだ」でも、どちらの答えも受け入れられるときだけ、質問をするようになりました。

☀️──命令と要求

「ごみを外に出しなさい!」

これは「ごみを外に出してね」という要求と同じでしょうか? または「今、ごみを外に出しなさい」は命令と要求の中間でしょうか?

子どもが生まれつき気のいい子なら、たいていうまくいき、親の要求に喜んで従うでしょう。しかし、それ以外の子どもには、あなたの期待を具体的に示す必要があります。

もし、子どもに選択してほしいのなら、子どもの選択したことをそのまま受け入れましょう。「あなたが……したいというのは確かなの?」とか「そしたら、……を逃すことになるよ」と言ってはいけません。要求に応じてほしければ、はっきりとしてほしいことを言いましょう。

子どもの気質によって、命令と要求を使い分ける必要があります。

命令とルール

命令は、「靴を脱ぎなさい。泥だらけだから」など、「今すぐ……しなさい」という言い方になることがよくあります。ルールは現在起こっている行動を左右する原則です。「靴を脱ぎなさい」は、「家では玄関に靴を置くことになっている」と言えばルールになります。

いくつかの命令やちょっとしたルールも原則的なルールになることがあります。たとえば、駐車場では手をつなぐこと、通りを渡るときには左右を確かめること、とがったナイフや鋭利なものは離れたところに置くこと、石は(口に入れずに)地面に置くこと、オーブンが熱いときは離れていること、これらはすべて「安全な行動」や「賢明な行動」の原則的なルールに入れることができます。

ルールと要求と願望をどのように区別するか

ルールは子どもがしなければならないこと、要求は子どもにしてほしいと思うがいつも強制しないこと、願望は子どもたちにしてほしいがまったく強制はしないことという違いがあります。次ページの表にそれらを区別する方法をまとめてあります。

ルール	要求	願望
従うことを期待する。	選択を意味する。	漠然とした欲求。
とても大切なもの。	ある意味大切であるように感じるもの。	大事かどうか明確ではない。
大人は、子どもが従うことを確認する。	大人は、子どもが協力することを希望する。	大人は、協力してくれるかどうか想像する。
子どもに……しなさいと言う。幼い子には従うように手助けをし、大きな子には従わなかった場合には「結末」を引き受けさせる。	子どもに……してねと頼むが、常に従うことを要求しない（時には最後までやり通さない）。	たまに子どもに……してねと頼むが、めったに頼まない。もし頼んだら、従うことを期待する。
断固とした強い口調（いじわるや、怒った口調ではなく）。	ていねいで、くだけた口調。	明確でなく、漠然としていて、脈絡のない口調。
やっていることの手を止め、子どものところへ行き、かがんで目と目を合わせ、はっきりと話す。（＊）	通りがかりに話したり、部屋の奥から話したり、何かをしながら話す。	直接子どもに向かって言うことはめったにない。
直接的な表現を使う。 ⊙コートを着る時間よ ⊙今、コートを着なさい もし子どもが従わなければ、大人が手伝う。たとえば「自分でしたい？」とたずね、子どもがひとりでコートを着られなければ、手伝う。	「お願い」という言い方や、質問、「わかった？」を使う。 ⊙「お願い、上着を着てちょうだい」 ⊙「上着を着たい？」 ⊙「上着を着なさい。わかった？」 ⊙「上着を着てほしいんだけれど」	「希望する」という言い方や、漠然とした言い方を使う。 ⊙「コートを着てほしいわ」 ⊙「すぐにコートを着てくれないかしら」 ⊙「遅くならないうちにコートを着てくれたらいいのに」

＊適切な時間を見計らうこと。子どものなかには、顔を直視しながら、同時に話を聞くのが難しい子どももいる。

子どもは限度をどのように学ぶか

子どもは多くのことを学ぶのと同じように限度を学びます。まず最初は、親が示す行動などから学び、そのうち自分で自分の行動をコントロールできるようになっていきます。このようにして子どもは、言葉や歩くことやボール投げを学びます。

子どもがまだ小さいときには、ルールの意味を理解しているわけでも、要求されている行為を行なうということをわかっているわけでもありませんが、親の忍耐と援助によって、だんだんと自分をコントロールする方法を身につけていきます。

「ルールを守らせること」で自制心を育てる

最初は、子どもは、ルールの意味を理解していませんし、自制心を持ち合わせていません。たとえば、「駐車場では大人と手をつなぐ」というルールをつくったとしたら、子どもはそこが駐車場であること、大人と手をつながなければならないことを認識しなければなりません。子どもが手をつながずに動きまわったら、手をとって、駐車場では手をつなぐことと言い聞かせます。

関連性が学びを早める

2つの出来事が起きる時期が近いほど、子どもはその出来事の関連性に気づき、大人がしてほしいと思っていることを学ぶのが容易になります。

たとえば、熱いストーブに1回ふれたことがあれば、すぐに熱いストーブを怖がるようになります。瞬間的に思いだすからです。

行動と反応（結果）の間が短ければ、その2つを結びつけるのは簡単です。逆に、間が長ければ長いほど、それらを関連づけることが難しくなります。結果がたまに起きたり、起きなかったりする場合も、子どもは、いつ自分のしたいようにしていいのか、いつ従わなければならないのかを知るのが難しくなります。

☀——一貫して繰り返すこと

子どもにあるルールを学ばせるために、大人が説明しなければならない回数は、子どもの気質や経験によって違います。育てやすい子どもなら、1回言うだけで十分かもしれません。しかし、たいていの場合、50~500回、一貫して同じルールを繰り返し説明する必要があります。一貫性がないと、さらに回数が増えます。子どもが頑固な気質の場合もそうです。一貫して繰り返す必要があることが、アンナの例でわかります。

私の息子のマーチンは、小さなころからとても頑固でした。幼児のころ、彼は自動車が好きだったのですが、おもちゃの自動車を床や壁や本棚に叩きつけるのが好きでした。私たちは「自動車は床で走らせること」というルールをつくりましたが、彼はそのルールを破ったらどうなるかを試すように、車を叩きつけるのをやめませんでした。朝も、昼も、夜も自動車を何かに叩きつけていました。私が一緒にいるときも、夫が仕事から帰ってきたあともそうでした。

私たちは、ルールを守らせるために、自動車での遊び方を修正したり、車を取り上げたりしました。

彼は科学者のように、車を叩きつけていろいろな変化を試していました。幸い、大きくなるにつれて、彼は徐々にすべてのルールを試す必要がなくなっていき、やがて何回か試すだけであとは満足するようになりました。

私は、自分が一貫してやさしく接することができたことをうれしく思います。彼は今大学生になり、頑固さも薄れてきました。


ここまで、なぜ限度が必要か、限度をどのように言葉にするか、子どもがどのように限度を学ぶかについて考えてきました。次に、限度を設ける3つのツール「明確なルールを定める」「結末を引き受けさせる」「よりよい方法を見つける」について見ていきましょう。

限度を設けるツール1：明確なルールを定める

最初のツールは「明確なルールを定める」です。子どもが理解できる明確なものでなければ、ルールは納得できない、懲罰的なものになるでしょう。

明確なルールの特徴

肯定的な言い方をすること

子どもに何をしてはいけないかではなく、何をすべきかを伝えます。「走るな」ではなく「歩きなさい」というふうに。これはとても大切です。というのは「走ってはいけない」とあなたが言ったとき、子どもは心のなかで「いけない」という絵を描くことはできず、最初に頭に浮かぶのは「走る」絵だからです。

ある言語学者はかつて、大人の85パーセントは望まない行動や出来事をイメージする傾向にあると言っていました。あなたが「走ってはだめ。走ってはだめ。走ってはだめ。何度走ってはだめと言わなければならないの」と言えば言うほど、子どもの心に浮かぶ絵は、「走る、走る、走る」です。冗談のように思えますが、「ホッキョクグマのことを考えてはだめ」と言ったとき、最初に心にひらめくイメージはホッキョクグマなのです。

やっていることをやめるように言う代わりに、何をしてほしいかを考えることで、子どもを指導するのが楽になります。自分の心に耳を傾け、だめ、やめて、するな、避けなさいなどで終わる言い方のリストをつくります。次に、それらを肯定的な言い方に書き換えましょう。いくつかアイデアをあげておきます。

ぐずぐず言うのをやめなさい。→ 気持ちよく話して。
叩かないで。→ そっとさわって。
マッチで遊んではだめ。→ マッチを持ってきて。
ドアを開け放しにしないで。→ ドアを閉めて。

食べ物を投げない。　↓　食べ物は食べなさい。

パジャマを床に置きっぱなしにしない。　↓　パジャマを洗濯物入れに入れなさい。

否定的でない言い方を考えるのが難しいと言う親もいます。初めは肯定的な言い方を見つけるのが難しくても、練習するうちに簡単になります。大人が代わりの行動を言葉にするのが難しいなら、何をすればいいのかを子ども自身に考えさせるのは適切でないように思われます。

肯定的な言葉で限度を話すことの重要性についてで例をあげましょう。ベリンダは親教育のクラスで、陽気な1歳8カ月の娘が怪物になったと報告しました。


「私たちはしょっちゅう娘に『だめ』と言っていますが、娘はそれでもやるのです。いい子にもどってほしいのです。何かアイデアはないでしょうか？」

私が答える前に、ベリンダは言いました。「おっしゃりたいことはわかっています」

私がけげんそうに彼女を見ると、彼女は、「あなたは、しょっちゅう『だめ』と言うのではなく、娘に何をしたらいいかを言いなさいと言うつもりですよね」。

私はそれから始めるのがいいのでは、と答えました。

2週間後に会ったとき、彼女は得意そうに微笑んで、「愛しい娘にもどりました」と言いました。

明確なルールは短い

短いルールほど理解しやすいものです。ルールが長ければ長いほど、子どもはどの部分が大事なのか理解するのに時間がかかります。誰かに囲みの「アイデアを伝えるのにいくつの言葉が必要か?」を読んでもらい、簡単に理解できるのはどれか検討してみましょう。

幼い子どもに短くルールを伝えるときの指標のひとつは、1歳なら1語と、年齢に合わせることです。たとえば、11カ月の子どもには「やめて」「来て」「やさしく」など1語を使います。1歳8カ月の子どもには「ここに来て」「そっとさわって」など2語を使います。

もっと年長の子どもには、ルールや要求をわからせるのに5~6語でも大丈夫だと思われます。「寝るのは8時」「靴はドアのそば」「テレビを見る前に宿題をする」

1歳につき1語の指標は、強調したいルールやポイントがあるときのみ当てはまります。赤ちゃんや幼児は、まわりの世界を表わす長くて複雑な文章を聞くことが、言葉を覚えるためには必要だからです。

◉アイデアを伝えるのにいくつの言葉が必要か?

ママはあなたに、そばに立っていてもらいたいと思っている。
ふざけまわるのはやめて、ここに来なさい。
ここにお尻を乗せて。
今すぐここに来て。
ここに来てちょうだい。
ここに来なさい。

子どもの気質や年齢に合わせる

ルールは子どもの気質に合わせることが大切です。幼児に気になるものにさわらないことを期待したり、活発な4歳児に友だちの家でじっと座って親を待っていることを期待するのは無理です。また、8～10歳の子どもが、大人から注目され励まされることなく、毎日楽器の練習をするのを期待されるのも現実的ではありません。

ルールを示す方法

幼児にとって、行動は言葉よりも雄弁です。自制心を学んでいるさいちゅうの子どもは、大人が言うことより大人がすることで、ルールを学びます。やがて、子どもは自制心を身につけていきます。大人が手助けしなくてもルールに従うようになったら、それは新しい段階に入ったということです。

従わせることや協力させることが大切なときは、してほしいことを言う前に、子どもの注意をこちらに向けさせ、ルールを理解したかを確認することに時間をかけましょう。

親は部屋を通りすぎながら、子どもが親に焦点を切り替える時間がないうちに、「もうすぐ晩ご飯よ。おもちゃを片づけて、手を洗いなさい」と言うことがあります。子どもは「うーん」と言うかもしれませんが、このとき親子の間にはなんのコミュニケーションも起きていません。

☀——注目する

子どものところに行き、からだをかがめ、名前を呼び、子どもを見ます。子どもがやっていることをやめさせて、私を見てと言います。

☀——はっきりと説明する

子どもに何をしてほしいのか、時間の制限も含めて話します。どちらも明確に簡潔に言います。

「8時までに、服を着なさい。靴下をはいて、靴もはくこと」

手助けが必要か、たずねてもいいでしょう。

「今日、着る服を選びなさい。着替えるのに手伝いが必要?」

また時には、従った場合、従わなかった場合で、結果がどうなるかをつけ足してもいいでしょう。

「今日時間どおりに用意ができたら、明日着替えているときテレビを見てもいいよ。8時までに着替えなかったら、明日はテレビを見られないわよ」

☀——理解したかどうかを確認する

子どもに「わかった?」と聞くと、たいてい子どもは「わかった」とか「うーん」と言います。でも、本当に理解しているとは言えません。そこで別のやり方が必要になります。

子どもに「お母さんはあなたに何をしてほしいの?」と聞き、子どもに自分の言葉で説明させます。

それから「時間どおりに洋服が着られたら、どうなる?」「時間どおりに洋服が着られなかったら、どうなる?」とつけ加えます。

奇妙に聞こえるかもしれませんが、子どもはルールを本当に理解していなくても、ルールを言うことができるのです。ジョゼの例を紹介しましょう。

わが家では友だちを呼ぶときは部屋をきれいにしておくこと、というルールがあります。私たちは、これは安全にかかわることだと思っています。子どもの友だちがおもちゃにつまずいてケガをしてほしくないからです。

8歳のディーゴが、友だちのマーチンを呼んで一緒に遊んでいいか聞きました。私は部屋がきれいならいいよ、と言いました。それから、ディーゴが近ごろだらしなくしていることを思いだし、「マーチンが来たとき部屋の掃除がすんでいなかったらどうなる?」とたずねました。

「わからない」と彼は答えたので、ジョゼは驚きました。ディーゴは3年間も、そのルールを口に出して言えていたからです。でも、実はルールの中身を理解してはいなかったのです。

ジョゼは、「あなたの部屋はマーチンが家に来る前にきれいになっていなければならない。もし掃除が終わっていなければ、マーチンは、掃除がすむまで玄関で待っていなければならないよ」と説明しました。

家庭のルール

理想的には、子どもが従うことを期待できるルールをつくり、子どもがはっきりと「イエス」か「ノー」が言えるルールを親がつくることです。ところが現実の世界では、そう簡単にはいきません。とても重要で強制的な主要なルールと、大切だけれどもいつもは強制しない二次的なルールがあります。親が望むが、めったに強制しないルールのようなものもあります。これらの例を次の表にあげておきます。

	主要なルール	二次的なルール	ルールのようなもの
	非常に重要で、いつも強制されるもの	重要で、時々強制されるもの	望ましいもの、めったに強制されないもの
例	⊙そっとふれる。 ⊙シートベルトを締める。 ⊙食事の前には手を洗う。	⊙通りの内側を歩く。 ⊙心の声を聞く。 ⊙「お願い」「ありがとう」を言う。	⊙言われたらすぐにおもちゃを片づける。 ⊙最初に言われたときに着替える。

わが家のルールをリストアップする

親が自分にとって何が本当に大切かわかっているほど、子どもにその情報を伝えやすくなります。まず、何が大切かリストアップすることから始めましょう。それから、数日間自分がどんなことを子どもに言っているかに気づくために、覚えておくか、もしくはメモしましょう。

わが家のルールを振り返り、書きとめます。
必要であれば、ルールを、肯定的な言葉で、短いもの、年齢に応じたもの、強制できるものに書き換えます。

家族によってルールは違う

あなたのルールが、あなたの価値観を反映していることが望ましいのです。価値観を反映していないルールはチェックし、改める必要があります。時には、親がしていたからとか、そうすべきだと思うからという理由でルールをつくっていることがあります。

家族によって価値観は違います。ルールが違うのも当然です。家族が覚えられるようにわが家のルールを貼りだしておくと、他人の注意を引くことにもなるので役立ちます。冷蔵庫に貼ったり、玄関のドアの裏に貼ったりしている人もいます。

明確なルールの特徴について見てきました。肯定的な言葉で、短く、年齢に応じた、強制できるものです。また、それらの示し方も見てきました。次に、「結末」について考えましょう。

限度を設けるツール2：結末を引き受けさせる

「限度を設ける」の第2のツールは「結末を引き受けさせる」です。

親はルールをつくるときには、子どもがルールを破ったときに、どんな結末を引き受けなければならないかを子ども自身にさとらせるために、結末を工夫する必要があります。子どもが自分で物事を決定するには練習が必要です。

結末には、簡単な、自然に何が起きるかわからせるものから、計画して、意図的に何か起こるようにするものなど、さまざまなものがあります。計画した結末は自然に起きるものと同じように、子どもには意味があります。

結末のタイプ

結末には2つのタイプがあります。「自然の結末」と「論理的な結末」です。自然の結末とは大人が介入しないもので、論理的な結末とは大人が介入する計画的なものです。

自然の結末

子どもに自分の行動の結果を経験させることです。もし、子どもが風船を手首に結ぶのをいやがり、そのままにしていたら、手を離したときに風船は飛んでいきます。大人が結果を与える努力をする必要はありません。

子どもにいやな思いをさせたくないという誘惑を抑えて、子どもに失望を経験させれば、子どもは自分が決断したことから学ぶことができます。この場合、子どもは、風船を手首に結びつけないという決断をしたのです。もし、新しい風船を買ってあげてその場の問題を解決すれば、自分でどうしたらいいかを考えるのではなく、他人に問題を解決してもらえるものと思うようになります。

自然の結末を経験するのはとても強力なツールです。

欠点は、結末までに時間がかかり、一貫性がなく、とても深刻になる場合があるということです。たとえば、簡単な結末は「ハンマーを外に置きっぱなしにしておくと、錆びるよ」とか「トランシーバーのアンテナを曲げたりのばしたりしつづけると、折れてしまうよ」といったものです。これらは本当に結果として起きるものであり、学びやすい状況です。しかし、それが起きるまでには長時間かかることがあります。ハンマーが一晩で錆びることも、アンテナが一回曲げただけで折れることもないでしょう。

自然の結末は、時には危険でもあります。

たとえば、親が子どもに「通りで遊ばない。車にぶつかってケガをするよ」と警告します。子どもが通りに出て、この警告が本当かどうか調べても、めったにケガをすることはありません。それで子どもは親のほうが間違っている、無視しても安全だと結論づけることがあります。たとえケガをしても、その経験を次のアダムのように偶然の出来事と考えるかもしれません。

3歳のアダムは、歩けるようになるとしょっちゅう通りに出たがりました。彼の両親はカーブのところでは立ち止まって、道を渡るときは大人と手をつなぎなさいと、絶えず言い聞かせていましたが、彼はひとりで通りに出たがったのです。両親は通りにゴミをたくさん入れたゴミ袋を置いて、それを車でひいたりしましたが、そうやってみせてもなんの効き目もありませんでした。

ついに、アダムは車にぶつかりました。入院し、その後の自宅療養も含めて快復に6週間かかりました。ひとりで歩きまわれるようになると、まずしたのは、また通りに出ることでした。なぜまた通りに出るのかとたずねると、アダムは、ケガをしたのはただの偶然だと答え、二度と起きないと信じているようでした。

このように一貫性のない自然の結末は、効果がないことがあります。そんなときは「論理的な結末」を使いましょう。

☀———論理的な結末

論理的な結末は、大人が考えて計画し、最後までやり通す必要があります。

その場の行動に関連したもので、子どもにとって受け入れられる選択であり、エネルギーをあまり使わないときがもっとも効果が上がります。

その場で、子どもが自分の行動と結果を結びつけるには、2つの出来事が時間をおかずに起きるほうがわかりやすいのです。たとえば、子どもがドアに手をはさむとすぐにケガをします。ドアに手をはさむという行為と痛みを結びつけるのが簡単です。そして同じことをすれば、同じ結果が生じます。しかしもし、朝ドアに手をはさみ、夕方か次の日まで痛みを感じなかったら、出来事と結果を結びつけるのは難しいでしょう。

◎関連したもの

親が行動に関連した結末を工夫すれば、教えやすく、懲罰的な感じがしません。「晩ご飯抜き。テレビもだめ」は関連していません。しかし、「お腹がすいていなくて、晩ご飯を食べないなら、デザートも食べられない」は、内容が関連しています。

関連した結末を見つけるには努力が必要ですが、そのうち簡単になってきます。関連した結末でルールをつくることは、3歳以上の子どもには特に重要です。

◎確実な選択

子どもに結末を告げる前に、その結末を親が受け入れられるものであるかを確かめましょう。「おもちゃを片づけなければ、捨ててしまうよ」と子どもに言って、子どもが片づけなかった場合、「今、おもちゃを片づけなければ、1週間出してあげない」に修正したいと思うかもしれませんが、結末は最後までやり通さなければ、効果はありません。


アマンダは子どもたちとの話し合いのあと、私に助けを求めに来ました。4歳、7歳、10歳の子どもたちが手に負えなくなっていたのです。彼女は私に、家じゅうめちゃめちゃで、子どもたちは何も言うことを聞いてくれないと訴えました。彼女はついに、せっぱつまって、おもちゃを片づけないと捨ててしまうと、子どもたちに宣言したと言いました。

「それで、子どもたちは片づけるようになったの?」私はたずねました。

「いいえ」彼女は答えました。

それで、私はおもちゃを捨てたのかたずねると、彼女は「いいえ」と言ったのです。

私は彼女に、何が問題かわかりますかとたずねました。彼女はけげんそうに、「子どもたちはもう私のことを信じていないのだと思います。どうすればいいでしょう?」と言いました。

私たちは少し話し合って、いくつかのアイデアを考えました。彼女は断固とした足どりで帰って行きました。

1カ月後、駐車場で彼女に出会い、様子はどうかたずねると、彼女は「すごいです」と言いました。彼女は子どもたちに、「片づけないで出しっぱなしになっているおもちゃを全部袋に入れ、1週間は出さない」と告げました。最初の夜は、おもちゃが袋いっぱいになりました。次の夜も袋いっぱいのおもちゃが出ました。3日目の夜は袋半分になり、4日目には、2、3のおもちゃだけになりました。

私はアマンダに、何がこの変化をもたらしたと思うかたずねました。

「そうですね」アマンダはにやりとして言いました。「2つあります。ひとつは子どもたちが私の言うことを信じるようになったこと。2つ目は、しばらくの間、子どもたちのおもちゃの数がずいぶん減ったことです」。

エネルギーをあまり使わない

子どもがルールを無視したら、最小限のやりとりで結末を与えましょう。

子どもがルールに従わないと、親は怒って、くどくど言うことがよくあります。そうではなく、穏やかに「あなたは……することを選んだようね」と言い、それ以上は問題にしません。くどくど言いつづけると、子どもは親の怒りから自分を守るために、感情的な壁を築くことがあります。それでは親の望むことを何も学べないのです。次は、エレノアの息子のお話です。

私の息子のジョナサンは幼いころ、水たまりでぴちゃぴちゃ水をはねて遊ぶのが好きでした。からだじゅうびしょぬれになり、彼を家に連れ帰るとき、ずっとどなり散らしていました。「また水たまりで遊ぶなんて信じられない。どういうことかわかってる？　家に帰って着替えなければならないのよ。いい子にして水たまりをよけて歩いたら、外にいられるのに。でも、違う。あなたが水たまりで遊ぶから、家に帰って着替えなければならない。もどってくるころには、もどれたらだけど、誰も遊んでくれる子は残っていないよ」

私がしゃべればしゃべるほど、逆効果でした。

幸いなことに、私は親教育のクラスに入り、簡潔さが大切なことを学びました。外出するときは、息子に一度だけ「水たまりをよけて歩きなさい」と言い聞かせました。息子が水たまりに入ったら、「あなたは家に帰って着替えることを選んだのね」と言いました。息子は泣き叫びましたが、私はそれ以上何も言いませんでした。

面白いことに、私の言葉が減るほど、彼は学ぶようになりました。彼のエネルギーは、私の長々としたお説教から身を守ることに費やされていて、学ぶべきエネルギーが残っていなかったのです。私の怒りから身を守る必要がなくなったら、息子は学ぶことに集中できるようになったのです。本当に、過ぎたるは及ばざるがごとしです。

子どもはいつ結末を理解するか?

行動の結末を理解することと、行動を正すことは別です。幼い子どもは出来事を関連づけ、自分の経験にもとづき、何が起こるかを予想することができます。でもこれは、その出来事について考え、いくつかの選択肢のなかからどれを選ぶかを決定し、自分の行動を正すこととは違います。

赤ちゃんと幼児

ほとんどの赤ちゃんと幼児は、2つの出来事を関連づけることができます。赤ちゃんがモビールを叩くと、動きます。赤ちゃんが泣くと、大人が来てくれます。やがてこれらの出来事を関連づけるようになります。出来事が関連づけられると、子どもは何が起きるか予想できます。

幼児は2つの出来事を関連づけるようになり、何が起きるか予想し、やがてそれに従って自分の行動を修正します。このプロセスを子どもが学ぶには、大人がただ言うだけより、行動に大きく左右されます。

これは「椅子に座りなさい。床に足を置きなさい」と言っても、言葉だけではほとんど効果がなく、言葉とともに子どもを椅子に座らせ、子どもの足を床に置くという行為と合わせると、より効果があるという意味です。

ただし、結末を理解する能力は、行動を正す能力とは違うことは、次の話で明らかです。

ジョッシュは2歳になったばかりで、おもちゃを投げるのが好きでした。彼の両親は、おもちゃはていねいに扱うべきだと思っていました。ジョッシュがトラックや本を投げると、お母さんはおもちゃを取り上げ、それをしまいました。それは何度も何度も繰り返されました。ジョッシュは明らかに、おもちゃを投げてはいけないことがわかっていましたが、それでもやめませんでした。時折彼は、おもちゃを手にとり、腕をふりかざし、それから投げるのを途中でやめて、自分でおもちゃを隠しに行きました。

子どもは自制心を発達させる前に、外部からの抑制を学ぶ

ジョッシュはいろいろなことを学んでいるさいちゅうです。何を期待されているのかは知っていますが、いつもそれに従うだけの自制心をまだ身につけていないのです。たいていの場合、親が50～500回、最後までやり通す必要があります。子どもを何度も何度もベッドに連れもどすとき、子どもは自制心を学んでいるのです。

園児

アン・コーウィン博士*は、子どもは理性と論理を身につけたら結末を理解すると言っています。これは3～4歳ごろ起こります。子どもがこの能力を身につけたかどうかを、次の2つの指標で知ることができます。

＊訳注――教育学で博士号を取得し、25年間親教育者として活躍している。特に新聞紙上の「ドクター・アンのコラム」は有名で、親からさまざまな育児相談を受けている。

①子どもが物事について「なぜ？」とたずねる。
②子どもが別の子どもや大人とまじわりながら遊ぶ。

まじわりながら遊ぶとは、「ママ、ティー・パーティーをしよう。私は王女様、ママはお手伝いさんよ」といったものです。

子どもが物事を質問する能力を身につけ、代わりの方法を考えられるようになれば、行動によってどんな結末になるのかを判断できます。そうすれば、子どもはどれが一番自分の欲求に合うかによって、従うかどうかを決めることができます。しかし、まだ経験したことのない行動の結果を予想できる園児はほとんどいません。

☀━━児童

児童はルールが好きです。そしてみんなに平等にルールを当てはめることを望みます。

9~11歳ごろになると、子どもは他人の見方で物事を見はじめるようになります。それまでは、子どもは人がどのように反応してきたか覚えているだけです。

学齢期には、友だちに受け入れられることが大切になってきます。この時期はおもに同性間の友情が芽生えます。低学年の児童は異性の児童のことを「変な子」と話すことがよくありますが、思春期に近づくにつれて、からかったり、冗談を言ったりして関心を示します。

低学年の児童（6~8歳）は、物事をうまくやりたいという強い欲求があり、批判を受け流すのが難しく、物事をよいか悪いか、全部かゼロか、正しいか間違っているか、すばらしいかひどいかというような見方をして、中間的な見方をほとんどしません。

高学年の児童（9～11歳）はふつう、儀式やルール、暗号などが好きです。大人の権威を軽視したり反抗したりします。まだ物事を、正しいか間違っているかの両極で見ます。これらの思春期前の子どもたちは、クラスメートに対して残酷な言葉を使うことがあります。

―自制心を学ぶのはむらがある

子どもも大人もそうですが、子どもは1～2回、1日や2日できたとしても、後もどりするかもしれません。同様に、多くの大人も、運動や、健康な食事を続けることや、かんしゃくを抑えるのを、難なくできるとは思っていません。

―子どもの気質に影響される

子どもの気質が、望ましくない行動に固執する期間に大きな影響を与えます。もし子どもの適応能力が高ければ、1～2回注意を喚起すれば十分です。子どもがとても頑固なら、数百回言わなくてはならないでしょう。この違いはリザの双子の子どもたちのお話を読めばわかります。

リザの双子の子ども、サラとダニエルは、2歳半を少し過ぎたころ、階段の手すりをつたって玄関に下がっているシャンデリアにさわることができました。彼らは、シャンデリアを押すと前後に揺れることをすぐに知りました。リザは2人にシャンデリアにさわらないよう言いましたが、それでも2

人はやめませんでした。

リザは怒って、サラがシャンデリアを押したとき、サラの手をピシャリと叩きました。サラはショックを受けたようで、二度としなくなりました。でも、ダニエルの手を叩いても、変わりはありませんでした。彼はシャンデリアを揺らしつづけ、そのたびに自分で自分の手をピシャリと叩くのでした。

お父さんがはしごを持ってきてチェーンを短くし、ダニエルの手がシャンデリアに届かなくなって、やっと問題が解決したのです。

サラとダニエルの気質は大きく違っていました。サラは人の期待に敏感で適応性がありました。ダニエルは、人の希望には気づいても、自分のしたいことに執着しました。彼はまだ自制心を発達させていなかったのです。

結末、罰、脅し

人は結末と罰と脅しを、同じ目的——子どもに行動を変える気にさせるため——に使っています。しかし、そのプロセスや長期・短期の結果はそれぞれのやり方で違ってきます。

結末と罰

この二つは、使い方と、提示される方法が違います。

結末は、長期的な視野に立った意思決定力と責任感を築くことで、子どもの行動に変化を起こします。親は子どもに、選択肢と、その選択肢による結末を明らかにします。そして親は決めたことを最後までやり通します。

罰は、今すぐ従うことを子どもに望みます。これは子どもを身体的、精神的に傷つけ、強要したり脅したりすることで実行されます。脅しや罰でさし当たりは望む行動が得られたとしても、長期的には悪い影響が出ることが多いのです。子どもは痛みや恐怖を感じるほど、親との距離を感じます。親との距離を感じるほど、子どもは感情をあらわに出すようになり、あとになって非行に走ったり、ドラッグに溺れたりするようになります。

罰と結末の違いについての親たちのレポートがあります。

罰	結末
⊙無力感を助長する	⊙責任感をうながす
⊙「やみくもな」従順を教える	⊙原因と結果を教える
⊙厳格で厳しい	⊙礼儀正しい
⊙気ままで脈絡がない	⊙子どもの行動に関連している
⊙強要する	⊙選択肢を出す
⊙罪悪感と羞恥心を助長する	⊙自尊心を高める
⊙横暴である	⊙自己主張できる

では、タイム・アウト（子どもに反省させる方法として部屋に閉じこめたり、あるいは椅子に座らせて数分黙らせておくこと）は罰でしょうか、結末でしょうか？　タイム・アウトは、伝え方や意図によって、

結末にも罰にも使うことができます。次の表で違いを見てみましょう。

◉罰と結末の違い

状況：アヴァは、ほしいおもちゃをソフィアが貸してくれなかったとき、ソフィアを叩いた。（2人とも3歳半）

罰	結末
恥ずかしくないの、アヴァ。悪い子。何回言ったらわかるの。叩いてはだめ。叩くのはいけないこと。もっとお行儀よくしなきゃ。おしおきの部屋に行きなさい。座って自分のしたことを考えなさい。かわいそうに、ソフィアがどんなに傷ついたか。出てきていいと言うまで、座っていなさい。	アヴァ、人にはやさしくふれるのよ。ほしいものを借りるときはやさしくしなきゃ。おしおきの部屋に行き、違ったやり方ができなかったか考えなさい。それからもどって、やりなおしなさい。
これは罰です。口調が批判的で、間違った行為に焦点を合わせています。	これは結末です。口調は断固として、やさしいものです。成長ともっとよいやり方に焦点を合わせています。

☀——罰と脅し

私が考える罰と脅しの違いは、最後までやり通すかどうかということです。罰は、何か子どもにとって不快なことを言い、それを実行します。脅しは、何か不快なことを言いますが、めったに実行はしません。もしある人がたびたび脅しを口にしても、それを実行しなければ信頼を失います。子どもはその人が望んでいることを無視できると考えます。

最後までやり通す

最後までやり通すことは、どんなに強調しても足りないくらい重要で必須です。

子どもにルールに従ってほしければ、いつも結末を最後までやり通さなければなりません。やり通すことは、子どもにあなたが本気だと伝えることになるのです。たとえば、幼児にテーブルから下りなさいと言ったとき、子どもが自分から下りなければ、あなたが行って子どもを下ろさなければなりません。

短い時間でやり通す

私は、友だちのトレーシーが、彼女の妹が娘たちにある命令をして、10数えるうちにやりなさいと言うと、娘たちは9まで数えたところで動きだすと話してくれたことを覚えています。私の友だちは3数えることにしているのですが、子どもたちは2まで数えたところで動きだします。

幼い子どもには、「寝るまで2分」「お昼ご飯まで5分」「友だちが来るまで30分」など、あらかじめ警告することも役立ちます。子どもが対応するための時間ができるからです。

年長の子どもには、どんな手助けが必要かをたずねたり、どのようにして注意を覚えておくか聞くのも役立ちます。

目標は、責任を徐々に子どもにゆだねることにあります。

☀——手を抜かない

親は時として、猶予を与えたり、言い訳したり、子どもの移り気を許したりすることで、子どもをコントロールすることを何気なく放棄することがあります。

このように甘やかすことで、子どもは本当は従う必要がないと思います。子どもにお話をひとつ読んだら寝なさいと言ったのに、あと2つ読んでとねだられてそのとおりにしたら、本当はあなたの言うとおりにする必要がないことを子どもに教えることになります。

やさしい気持ちから出た行動ですが、それによって、子どもはルールを本当は守らなくてもよいのだと信じることになります。長い目で見ると、子どもの責任感の発達を阻害することになります。

☀——言い訳の仕方に注意すること

自分や子どもが変化や不愉快な出来事——子どもの病気、学校に行きはじめる、父親の出張、母親のストレスが多い——などに直面したとき、ルールを無視したい誘惑にかられる親がいます。たまには甘やかしてもいいでしょう。でも、無意識に甘やかさないように気をつけましょう。アンジェラは自分がこの状況に陥っていることに気づきました。

アンジェラは、娘のネッタの行動が心配でした。ネッタは、アンジェラの望むやり方に従わなかったのです。ネッタは父親の言うことには少し従いましたが、すべてではありませんでした。

アンジェラに、どんなルールをつくっているのか、どのように守らせているのかとたずねると、アンジェラの答えはもっともなものでした。

話を聞くと、アンジェラも夫も出張が多く、ネッタは近くに住むエレン叔母さんのところに預けられていて、一家がそろうのは週末だけでした。

しばらく考えて、アンジェラは自分が出張から帰ったとき、一貫したルールを用いていないのではないかとさとりました。ネッタに自分を好きでいてほしいし、一緒にいるときぐらいは楽しく過ごしたいからです。さらに自分の行動を振り返ると、疲れているときや、ネッタが風邪をひいているときや、天気が悪いときなどは、ルールを緩めていることに気づきました。そして、最後までやり通すより、例外を設けている場合のほうが多いこともわかりました。

言い訳の罠に陥るのは簡単です。特に、子どもと衝突するのが好きでなかったり、子どもがあなたの望むことに抵抗するのがわかっている場合はそうです。

──子どもが気持ちを変えることのできる機会を制限する

子どもが時折気持ちを変えるのはかまいません。大人もみんなそうです。しかし、子どもが気持ちを変えるのをたびたび許していたら、賢い選択をする機会がなくなります。たとえば、以下のような場合です。

3歳半のマークは寝るのをいやがりました。シャロンは「マーク、寝る時間よ。歩いてベッドまで行く？　それとも抱っこしてほしい？」と言いましたが、彼は質問に答えませんでした。彼女は「わかった、抱っこのほうね」と言って、かがんで彼を抱き上げました。抱き上げるとマークは「歩きたい」と言ったので、彼を下ろしました。彼は床にどたっと下り、足もとで遊びはじめました。

少ししてシャロンは繰り返しました。「歩いて行く？　抱っこしてほしい？」。彼はまた無視しました。彼女は彼を抱き上げ、部屋のほうへ向かいました。少したつとマークは「歩きたい」と言い、シャロンはまた彼を下ろしました。２人がマークの部屋にたどりつくまで、これが何度か続きました。

シャロンはこのやり方に不満がつのってきました。マークは確かに寝るつもりなのでしょうが、何度も何度も止まり、また最初から始めるのは気分がよくなかったのです。友だちと相談して、シャロンはマークのどっちつかずの戦術に対応するやり方を考えました。

シャロンはマークに「寝る時間よ」と言って、こうつけ加えました。「歩いてベッドまで行ってもいいし、抱っこでもいいよ。そして今夜は１回しか選べない。あなたが最初に言ったことをやるからね」。マークが歩いてベッドに行くのを断ったので、シャロンは彼を抱き上げ、「あなたが抱っこしてもらうことを選んだのよ」と言いました。彼は「いやだ、歩く」と言いますが、彼女は「違う選択をしたいのね。それはＯＫよ。明日ならもう一度選べるから。今日は、あなたは抱っこを選んだのだから」と答えます。

３日以内に、マークは、ちょうどいい時間に歩いてベッドに行くようになりました。そして、彼はよく考えて決断をするようになりました。

子どもに選択肢を与えるのは、時には役に立ちます。また、子どもは、一度決断したことは変えられないことを知る必要があります。

これまで「限度を設ける」の2つのツール「明確なルールを定める」と「結末を引き受けさせる」を見てきました。次に3番目のツール「よりよい方法を見つける」を見ていきましょう。

限度を設けるツール3：よりよい方法を見つける

「よりよい方法を見つける」は、交渉する際に制限を設ける簡単なテクニックです。交渉可能なルールや権力争いを避けるために、よりよい方法を使うことができます。

よりよい方法を見つけるツールは、3つの部分に分かれています。「自分の望みを述べる」「子どもが望みを述べる」「どちらにも有効なアイデアを求める」です。モナの話でこの3つの部分がわかります。


3歳半のロビンは、皮膚のトラブルがあって、毎日ローションを塗らなければなりませんでした。寝る前に、私が塗ってあげようとすると、追いかけまわさなければなりません。私は冷静さを失いかけ、よりよい方法を試そうと決めました。

「ロビン、ママの希望はあなたにローションを塗ること。あなたはママに塗ってもらうのはいや。よりよい方法は何？」

ロビンは少し考えて「パパにやってもらう」と言いました。彼女はローションをお父さんのところに持って行き、それで解決しました。本当によりよい方法でした。

「よりよい方法を見つける」とは、親が長期的な目標に妥協せず、子どもを巻きこむことです。

要求と解決

親と子が、要求と解決を混同することがよくあります。何かを特別なやり方でやりたいので、それを「要求」と考えますが、本当はひとつの選択肢にすぎません。これはベスの話でわかります。

わが家では車は1台しか持たないことにしていました。時々これが問題を起こしました。たとえば、昨日、私は夫に、夜仕事があるので車が必要だと告げました。夫は、残業で車が必要だと言いました。

私たちは少しの間いきづまりましたが、お互い「必要」という言葉を使ったけれど、私たちの提案は、本当は「選択された解決策」であり、ほかの選択肢を考えていなかったことに気づきました。

ほかの方法を考えはじめると、たくさんあることがわかりました。現実的なものとして、私がバスかタクシーを使うか、クラスの誰かに送ってもらう、夫もバスかタクシーを使うか、仕事を持ち帰る方法がありました。

お互いに納得できるアイデアに焦点を合わせる

つまり、あなたにも子どもにも受け入れられるアイデアでなければならないということです。

残念なことに、親は自分が望むアイデアに同意するよう、子どもに要求することがあります。これは「よりよい方法を見つける」の目的を否定するものです。

「よりよい方法」を試すのは、あなたが違った解決法を進んで受け入れられるときだけにしてください。子どもの「よりよい方法」が、本当は、子どもの希望を単に強調するために言いなおしたものである場合があります。そのようなときには、ヘザーがしたように、立場を明確にし、質問を言い換えましょう。

ある晩ヘザーは、5歳のマックスに「寝る時間よ」と言いました。彼は「今夜は遅くまで起きていたい」と答えました。ヘザーはその夜仕事があり、いやがる子どもを寝かしつける時間はありませんでした。彼女は少し考えて、よりよい方法を試すことに決めました。

「ママの希望は、あなたが今すぐ寝ること。あなたの希望は、遅くまで起きていること。よりよい方法は何？」。マックスはすぐに「真夜中に寝る」と答えました。

ヘザーは、「真夜中では遅いわ。それはあなたの希望でしょう。ママの希望はあなたが今すぐ寝ること。2人とも都合のよいことは何かない？」と答えました。

マックスは少し考えて「10分たったら寝る」と言いました。

ヘザーは、10分なら自分にも都合がいいと同意し、それから「どうやったら10分たったかわかるの？」と聞きました。

彼はまた考えて、タイマーを使うと言いました。

ヘザーはこのプランに同意し、マックスはタイマーをセットし、タイマーが鳴ったときにベッドに入りました。

☀――よりよい方法は強力

子どもがアイデアを提案するからです。

この話で、もしヘザーが10分後に寝ることを提案したら、マックスは同意したでしょうか？　たいていの子どもなら拒否します。

この方法に力があるのは、親が子どものアイデアを受け入れるからです。もし、親が自分のアイデアを進めていかざるを得ないと感じたら、「よりよい方法」ではなく、期待として、または代案を2つ出す（第4章参照）形で言いましょう。

☀――前提となる条件

「よりよい方法」をうまく実行するためには、子どもは、自分で決断を下し、それを最後までやり通すことを経験する必要があります。たいていの子どもは3～4歳ごろより、「よりよい方法」を使いはじめられるでしょう。始めるためには、親がそのプロセスを口に出して手本を示します。自分の直面している困難なことに対するアイデアを考え、それを評価します。

ここまで限度を設け、権力争いをなくすために、「よりよい方法」をどのように使うかを見てきました。

次に、それを、限度を設けることにどのように組み入れるかについて見ていきましょう。

幼い子どもに限度を設けるための5つのステップ

効果的な限度を設けるためには、明確なルールと「結末」の両方を利用します。次の5つのステップは、子どもが2歳でも6歳でも8歳でも役に立ちます。

1　明確で、簡潔なルールを設ける

ほかのツールと同様、もっとも効果のあるルールは、短くて肯定的なものです。「居間では走らない」は「家のなかでは歩く」に、「叩かない」は「そっとふれて」というふうに。長い文章や、「……するな」という言い方を使うと、子どもは理解したり協力するのに時間がかかります。

2　効果のある結末を選ぶ

多くの親は、ルールをつくると子どもが自然に従うものだと思っています。そんなことはめったにありません。ルールをつくったらすぐに結末を決めましょう。結末には、もしルールを守らなければ、必然的にどうなるか、子どもが自分でわかるぐらい簡単なものもあります。たとえば、幼稚園から動物園に遠足に行くのに、時間までに準備をしなければ、おいて行かれるというようなことです。

——3　子どもの選択を明らかにする

たとえば、「スティーブン、今日キャンディを買うのにお小遣いを使ったら、ほしがっていた野球カードを買うお金がなくなるよ。どちらが大切か自分で選びなさい」というような中立的な言い方にし、お説教じみた言い方はしないようにしましょう。子どもは成功より失敗から多くのことを学ぶのだということを覚えておいてください。

——4　結末を定めたら、最後までやり通す

もし5歳の息子に、何か食べるのは夕食のときか、朝ご飯まで待つこと、と言ったら、それを断固として守らなければなりません。夕食を食べなかった子どもが「お腹が空いて眠れない」と訴えても、守り通す必要があります。子どもに、「食べるのは食事の時間。あなたは朝ご飯まで待つことを選んだ」というルールを言い聞かせます。

もし例外をつくりたいなら、ルールが破られる前に、交渉する必要があります。親が引き下がれば、子どもにルールを無視してもいいと教えることになります。

——5　子どもの苦痛を建設的に扱う

苦痛は、学ぶ過程には当然ともなうものです。結末を選んだらすぐ、子どもの悩みにどう対処するか決めましょう。

たとえば、「あなたは動物園に行けなかったので怒っているのね。間に合うように準備ができたらよか

ったと思っているのね」などと、積極的に聴いて感情を認めてあげましょう。

子どもにお説教したり、子どもの苦痛を解消してあげたいという誘惑を抑えましょう。

たとえば、親が「あなたの責任よ。アニメを見ていなかったら、用意ができていたのに」と言えば、子どもはさらに怒って親を無視するでしょう。

もし、子どもの悩みを解消したくて、「泣かないで。動物園にいる友だちのところまで連れて行ってあげる」と言えば、子どもから、自分で問題を解決するためのツールを学ぶ貴重な機会を奪うことになり、子どもの幸福にますます責任をもたなければならなくなります。ウィリアムの話から、これらのステップの効果がわかります。

息子のジェフが幼児のころ、しょっちゅうテーブルに食べ物を投げつけていました。私はやめなさいと言いましたが、効果はありません。私はスター・ペアレンティングの「限度を設ける」方法を使うことに決めました。
⊙ルールを明確にする：食べ物は食べるためにある。
⊙結末：食べ物を食べるか、食べないなら椅子から下りる。
⊙選択を明確にする：食べたいの？　それとも椅子から下りたいの？
⊙最後までやり通す：彼がまた食べ物を投げたら、「わかった。おまえは椅子から下りることを選んだんだね」と言って、彼を下ろす。
⊙苦痛に対応する：もし彼が泣いたら、「ひとりで床の上にいるので悲しいんだね」と、感情を認める。

私たちは計画どおりにやりました、そしてジェフは1週間以内に食べ物を投げなくなりました。

設けたいと思っているどんな限度にも、この5つのステップは使えます。まず、たいていの子どもは親が本気かどうかを知るために、限度を試すでしょう。親への信頼を築けば、子どもが親を試す回数は減っていきます。エレナの話で、このステップが年長の子どもにも効果があることがわかります。

息子のパコが小学生のころ、宿題よりコンピュータゲームに興味がありました。私はコンピュータゲームで遊ぶ前に宿題を全部終わらせてほしいと思っていました。でも、彼が休憩しないで長い間宿題に集中するのが難しいこともわかっていました。

夫と話し合い、パコがパソコンを使うことは、彼が責任ある行動をとったときに得られる特権だと決めました。もし宿題が終わる前に休憩が必要なら、外を走りまわるか、弟に本を読んで聞かせることにしました。彼は宿題が終わったら、私のところにチェックしてもらうために持ってこなければなりません。そうすれば私は、全部終わったか、正しくできているかわかります。もし、宿題のチェックが終わる前にパソコンのスイッチを入れたら、その日はパソコンを使う特権を失います。同じ日に二度同じことをしたら、2日間パソコンを使うことができません。週末は、パソコンを使う特権を得るために、宿題をするか、家の仕事を手伝うことに決めました。

⊙明確なルール：宿題をすませ、パソコンを使う前にお母さんにチェックしてもらうこと。

⊙結末：1日パソコンを使う特権を失う。

⊙選択を明確にする：お母さんにまだ宿題を見せていないよ。休憩して、宿題をする？　それとも今日はコンピュータゲームをする特権を放棄する？

⊙最後までやり通す：もし私が遅く帰ってきて、息子が宿題を終える前にパソコンに向かっているのを見つけたら、パソコンのスイッチを切って、「今日はパソコンを使わないことを選んだんだね」と言う。もしその日、宿題が終わる前にまたパソコンを使ったら、パソコンを私たちの部屋へ移す。

⊙苦痛に対処する：もし彼が足を踏み鳴らして叫んだら、「今日、パソコンでゲームができないのでイライラしているか、怒っているのね。明日は違う選択ができるよ」と、彼の感情を認める。または「まあ、ほんと？」など簡潔に聴く。

私たちは十分に計画を練りました。そしてやったかいがありました。2週間もたたないうちに、彼はパソコンでゲームができるのは、それを勝ちとったときだけだということを受け入れました。

この例では、親はルールと結末をつくりました。子どもが成長するにつれて、限度を設定するのに子どもを巻きこむことも役立ちます。

明確なルールをつくり、結末を引き受けさせ、結末を最後までやり通すことで、明確な限度を設ける方法と効果がわかったと思います。交渉によってルールを変えてもよいと思うときは、「よりよい方法」を使いましょう。しかし、適切な限度を設けても、子どもが親の注目を得るためや望むものを手に入れるためにルールを破る場合、もしくはまだ子どもにスキルがない場合は、効果が上がりません。

第8章 新しいスキルを教える

◉新しいスキルを教えるツール

⊙手本を示す
⊙正しくやりなおさせる
⊙具体化する

親は子どもにとって最初の、そしてもっとも重要な教師です。親が子どもに与えるスキルは、子ども自身が子ども時代、さらに大人になってからも、複雑な社会をどのように生きていくかに影響を及ぼします。

スター・ペアレンティングの最後のポイント「新しいスキルを教える」には、３つの強力なツールがあります。「手本を示す」「正しくやりなおさせる」「具体化する」です。
まず一般的に教えることについて少し考えてみましょう。

4歳半のエリックは、創造力も想像力もある子どもでしたが、友だちの言いなりでした。ある日、友だちのポールが、エリックが遊んでいるおもちゃをくれと言ったとき、エリックは自分が使っていると説明しました。ポールが「ぼくにくれないなら、家に帰る」と言うと、エリックはおもちゃをポールに渡しました。

ポールは、30分間で5回も同じことを言っていました。エリックが譲るたびに、私はうんざりしました。しばらく口出ししないようにしていましたが、ついに、私はエリックを部屋の隅に呼んで、どのように状況に対処するかを教えることにしました。

「ポールが家に帰ると脅したら、『いいよ、また明日ね』と言いなさい」と、私は指示しました。「でも、ポールにいてほしい」エリックはぐずりましたが、「一度やってみてごらん」と、私はうながしました。私たちは練習し、それからポールのもとへもどりました。

ほどなくして、ポールはまた、エリックが遊んでいるトラックを要求しました。エリックが断ると、ポールは「家に帰る」と言いました。エリックは教えたとおりに「いいよ、また明日ね」と答えました。ポールはびっくりして、同じ要求を繰り返し、家に帰ると脅しました。また、エリックは「いいよ。また明日」と答えました。ポールはしかめっ面をして「わかった、いるよ」とぶつぶつ言いました。

私はそのときはうまく対処する方法を教えることができましたが、エリックが対人関係のスキルに欠けていることに気づいたのは、それから数年後でした。

新しいスキルを教える目的は、子どもが人生に対処するのに必要なスキルを与えることにあります。新しいスキルを教えるには、スター・ペアレンティングのほかのポイントのツールも関係しています。新しいスキルの教え方は、ジャケットのファスナーの閉め方の手本を示すような簡単なものから、怒りの感情に対応する方法のように複雑なものまであります。

たいていの親は、子どもが歩き、自分で洋服を着られるようになるのを手助けしようと思っています。しかし、子どもに、わかち合い、時間の経過を知り、問題を解決し、自分の所有物を把握することを教えようと思う親はほとんどいません。

人格形成のためのスキル

親は子どもに4つのことを教える必要があります。「気質に対応するスキル」「学び方の種類を増やすツール」「発達段階に応じたスキル」、そして「見落としがちな個々に対処するスキル」です。

☀―気質に対応するスキル

第3章で、子どもの気質について説明しました。気質の特徴は、生まれつきのもので、よいものも悪いものもありません。ある状況では役に立ち、別の状況では困難をともなうこともあります。たとえば、活動レベルが高いのは、ボーイスカウトやガールスカウトのハイキングではすばらしいことです。しかし、教会のなかではそうではありません。

親は子どもに、自分の気質に対応する具体的なスキルを教えることができます。難しいいくつかの気質とそれに対処するやり方を見ていきましょう。

◎活発さの度合いが高い

まず、子どもが十分活動できるようにすることです。子どもと、運動の前と後で、からだがどう感じるか話します。それから子どもに、身体的に落ちつきがないことと、適当なはけ口を見つけることを教えます。子どもが、走ることでエネルギーを消費することができれば、それでOKです。そうでなければ、足やからだの一部を激しくゆすったり、静かに動かすのも役立ちます。

◎感情が強い

感情が強いことは怒りであれ、興奮であれ、問題を生じさせます。私の本『親と子どもの感情BOOK』で、子どもに感情に対処するツールを教える5段階のプロセスと、自分の感情を静める24のツールを紹介しています。このプロセスは、この章の後のほうの「具体化する」という項目で解説しています。

◎集中力が足りない

子どもが集中力を必要とするとき、ひとつのことに焦点を合わせ、誘惑を避ける方法を学ばせます。これは次のジェイムズの話でわかります。

私の7歳の息子のジェイムズは、すぐに気が散る子でした。小さいころはそれでよかったのです。何か興味のあるものを見せれば簡単に気をそらすことができたからです。でも、大きくなってこの注意力散漫なところが問題になってきました。おもちゃを片づけたり、宿題をするのに集中できないのです。

私たちは肯定的な独り言を言ったり、楽しい行動を一緒にしたりして、集中しやすくすることで、彼の集中力を観察し、一緒に努力してきました。

進歩しているのがわかったのは、ある土曜日、彼が私のところにお気に入りのダンプカーを持ってきて、掃除がすむまで預かっておいてと頼んだときです。彼は「トラックが『いっしょに遊ぼう』と誘ってくるから、片づけに集中できないんだ」と打ち明けました。彼は誘惑する物が見えないほうが、集中しやすいことを発見したのです。

◎粘り強くない

粘り強さが足りない子どもには、長時間辛抱しがまんしたことで、自分にほうびを与えるように教えることができます。そのためには、親は、子どもをほめたり、ほうびを与えて（第5章「ほうびをあげる」）、粘り強さを奨励することから始めます。子どもが外部からのほうびでより粘り強くなったら、自分で自分にほうびを与える方法を見つけだせるように一緒に考えましょう。それから少しずつ子どもにそのプロセスをゆだねます。

気質に対応するやり方を生みだすには、時間と努力が必要です。子どもの生まれつきの脳の回路を切り替えなければならないからです。

☀——学び方の種類を増やすツール

人はそれぞれ、視覚的、聴覚的、運動感覚的、概念的に、自分のやり方で情報を受けとり加工します。この違いのために、学校でも家でも問題を生じることがあります。

◎学校での問題

子どもが学校に行くようになると、自然に身につけた学習方法が問題を生じることがあります。すべての生徒の学習方法を同じにし、全員が同じ方法で学べるように教えようと努力する教師もいます。残念ながら、すべての教師がうまくやれるわけではありません。

また、あなたの子どもは将来、情報をそれぞれ違うように処理する上司、同僚、隣人、商人とつき合わなければならないかもしれません。ですから子どもに個々のケースに適応する方法を教えるのが役に立つのです。

次ページの表に4つの学習法が簡単に述べられています。一般的な学習法の例をあげ、また宿題を出すのに違ったやり方をする教師への対応法を述べています。

視覚的、運動感覚的に提示されることを必要としている子どもがたくさんいます。残念なことに、多くの教室では聴覚的な提示に頼っていて、視覚的、運動感覚的に学ぶ子どもには何のサポートもありません。

	学習法	学習法の一般的なやり方	適応するやり方 宿題をする	適応するやり方 単語の綴りを覚える
視覚的	物を見るのが好き。イメージを通して学ぶ。絵を描くのが好き。	視覚的なパターンをつくるための記憶装置を使う。読書のときは視覚的な手がかりを示唆する。	先生の言うことを聞き、宿題を心に描く。	単語を見る。文字や形を記憶する。
聴覚的	言葉で考える。概念を言葉に出す。名前や日付、些細なことをよく覚えている。	親が書いた物語を口述する。テープレコーダーで事実を記録する。勉強中の概念を示す言葉を創造する。	宿題を読み、心のなかで口に出して言う。	口に出して綴りを言う。音節ごとに言う。
運動感覚的	からだを動かして学ぶ。とても活発で、じっと座っていない。身ぶりでコミュニケーションをとる。	動くことが大切。読書中、子どもに足を揺らしたり、ガムを噛んだり、物にふれたり、歩きまわったり、サイクリングマシンに乗ったりさせる。	宿題を読んだり、聞いたり、書いたりする間、足を揺らす。	1文字ずつ言いながら手を叩く。難しいところは（手を叩く代わりに）指を鳴らす。
概念的	概念で考える。様式や関係を探求する。パズルが好きで、物事がどう動くか学ぶのを好む。	読書を助けるために概念的な手がかりを与える。一緒に実験を行ない、子どもに結果を記録させる。学習ゲームやワード・パズルを使う。	宿題を読むか聞き、細かな部分——描写、長さ、提出期日など——を探す。	パターン（視覚的、聴覚的）を探す。スペリングのルールをつくる。

運動感覚的な指導法に焦点を合わせたものは、モンテッソーリ教育*の成功で説明できるでしょう。

*訳注——20世紀初めにイタリアのローマで医師として精神病院で働いていたマリア・モンテッソーリによって考案された教育法。モンテッソーリ教育法では、教具の形、大きさ、手触り、重さ、材質にまでこだわり、子どもの五感をやわらかく刺激するよう配慮されている。感覚教育が特徴である。

◎家庭での問題

学習法に関して問題を抱えているアンナ・マリーの話を例にとりましょう。

私には3人の子ども、11歳のジェフリー、9歳のエレン、7歳のアンソニーがいます。学習法の違いについて知るまで、彼らの協力を得るのに大変苦労しました。

私が発見したのは、ジェフリーに何か言っても、右の耳から左の耳に抜けてしまうことです。でも、それを書きとめると、彼は理解し、協力してくれました。

エレンにメモを書いても、読む前に失くしてしまいます。直接話すか、留守番電話にメッセージを残す必要がありました。

アンソニーはまったく違っていました。朝、彼に何かを思いださせるためには、電気のスイッチかドアに行く途中の椅子にメモを貼っておく必要がありました。何か運動をともなうことをすると、彼はメモに気づき、それを読み、やってくれました。

さらに、彼らに何かを教えたいと思ったら、ジェフリーにはどうするか実際にやってみせて行動で示し、エレンにはどのようにやるか言葉で伝え、アンソニーには一度か二度、一緒にやってみる必要があります。

アンナ・マリーは、時間をかけてそれぞれの子どもにやり方を合わせることで、事態はずっとよくなり、それに従って時間の節約ができることを発見しました。

発達段階に応じたスキル

第3章の期待のところで、私たちは発達段階の年齢に応じた課題を見てきました。理想的には、子どもは必要なことを学び、大人からあまり指示されなくても次の段階へ順序よく進むことになっていますが、現実はそうではありません。

◎幼児の課題

考え、自分の感情に対処しはじめます。これが、かんしゃくや反抗という結果となって表われます。幼児は自分を落ちつかせるツールを発達させるための手助けが必要です。幸い、自分の気持ちを自分で静める方法は、親が教えることのできるツールです。

◎園児の課題

権力と自分というものを学ぶことです。彼らは、だらだらしたり、生意気そうにしたり、要求したりして、自分と権力の関係を探っていきます。他人とどのように交渉するかとか、実力を発揮する建設的な方法の見つけ方を教えることで、生涯使えるスキルをのばすことになります。

この章の最初に出てきたお話は、脅しや力について教えることで得る利点を示しています。ポールは、自分が帰ると言えば、エリックは好きなものを何でもくれることを発見していました。お母さんはエリックに、ポールの言葉を威厳をもって受け止める力をもちつづけるように教えました。

ポールのお母さんは、問題を聞かされたら、ポールにほしいものを手に入れるために、交換とか交渉といったほかのツールを教えていたかもしれません。

◎学童の発達段階の課題

世の中の仕組みを知り、自分自身の内部構造を発達させることです。彼らは情報を集め、決断し、まずい決定をした結果どんな経験をするか、またその結末に対応する方法を学ぶ必要があります。

学童期の子をもつ親は、子どもの問題に介入して解決してやりたい誘惑にかられることがありますが、そうすれば子どもが必要なスキルを学ぶ機会を失うことになります。

スティーブンは7歳の息子のマイクに、行動に移る前に、情報を集めるように教えてきました。次の話で彼の努力の結果がわかります。

マイクは学校から帰ってくると、誰かと遊びたいと思いました。5歳の妹のサラに「外でボール遊びしない？」と誘いました。

サラは「いや」と言いました。

マイクは、サラが自分と遊びたくないんだと思い、傷つき怒りを感じました。しかし、「マイク、思いこみをチェックしてごらん。情報を集め、行動する前に、ほかにできることを考えなさい」と言うお父さんの声が聞こえました。

それで、マイクはサラのほうを向いて、「一緒に遊ばない？」と、たずねたのです。

サラは「いいよ。外で遊ぶのでなかったら」と、答えました。

「外で遊ぶのがどうしていけないの？」マイクがたずねると、「アンナと昼間ずっとサッカーをしていたから、疲れたの」と、サラは答えました。

「それじゃ、何で遊びたい？」マイクはたずねました。

「チェス。あまり動かなくていいから」

マイクは同意して、チェス盤をとりに行きました。


スティーブンはマイクに、問題や衝突が起きたとき、どう考えたらよいかを、時間と手間をかけて教えていました。マイクは妹に対して腹を立てたとき、そのやり方をうまく活用できました。

対人関係のスキルに加えて、子どもは学問的なスキルも必要です。

子どもは宿題をするのに、どのようにして勉強すればいいのかを知る必要があります。幸運にも、宿題のやり方を教えてくれる先生をもつ子もいますが、多くの子はそうではありません。このような子どもは、スキルが欠けていることに誰かが気づくまで、長い間どうしていいかわからないまま過ごします。次のケイティの話でこのことがわかります。


ケイティは物静かな子で、注目されるのが好きではありませんでした。彼女はレポートの書き方を学ぶこともなく、なんとか5年生になっていました。

大事なレポートを火曜日までに提出しなければならないことを両親が知ったのは、メモリアル・デー（5月30日）の前の金曜日のことでした。2人はケイティがまだ書きはじめてもいないことに激怒しましたが、2人がどなるほど、ケイティは無口になり殻に閉じこもったのです。

事態はいきづまったままで、ついにケイティは、週末、ベス叔母さんのところに行ってレポートを書くことに同意しました。

ベス叔母さんは以前教師をしていて、とても物腰がやわらかでした。彼女は電話でケイティに、レポートの書き方についてどんなことを習ったの、とたずねました。ケイティが「何も」と答えると、ベス叔母さんはケイティに、カード一束と、レポートのテーマのノルウェーについての本を数冊持って来なさいと言いました。

ケイティが着くと、ベス叔母さんはケイティをテーブルに座らせ、レポートを書くためのステップを書いたメモを見せました（次ページの囲み参照）。

ベス叔母さんはケイティに、関連があることは何でも知っておいてほしいこと、ステップはたくさんあるように見えるけれど、なかには本当に短いものもあると説明しました。

さらに、各ステップで何をすべきか、そして、それらがどういう意味をもつかを説明して、ケイティと一緒に一つひとつのステップを始めていきました。

ケイティにわからないことはなんでも聞いてほしいと言い、それから、ケイティはそのステップを自分でやり終えました。

ベス叔母さんは、ある時間内に仕上げるように目標を設定することで、ケイティが自分のペースで仕上げるのを手助けしました。ケイティがひとつの章を終えると、休憩し、レポートにもどる前に少し楽しいことをしました。土曜日の晩までに、目次と参考文献と最後のまとめ以外は仕上がりました。ケイティは、月曜日に完成したレポートと達成感を抱いて家に帰って行きました。達成感とともに大切なのは、彼女がレポートの書き方について学んだことです。

ベス叔母さんは、レポートを書く過程を細かく分け、それぞれをどうやるか手本を示すことで、課題をずっと扱いやすくしました。

ベス叔母さんのレポートを書くためのステップ

⊙一般的な知識を得るため、百科事典やインターネットで、レポートのテーマに関する記事を読む。

⊙自分が書く必要があるか書きたい事項のリスト（歴史、地理、経済、政治、教育など）をつくる。これは与えられた課題から考えても、百科事典などからアイデアを得てもよい。

⊙ひとつの事項を選び、1冊の本でそれについて調べる。面白い記述を見つけたら、カードに書き、書名、著者名、その記述のページも書いておく。ほかに2冊の本で同じことをする。

⊙章ごと（項目別）に書く。記述したカードを広げ、内容別にわかりやすい順序に並べ、ひとつの章を書く。あとで引用できるように、下部に脚注をつけておく。完璧に書こうとせず、考えるままに書き記すことに集中する。

⊙同じ手順で次の章を書く。

⊙自分が学んだことや、テーマについて、好きなこと考えたことをまとめた2〜3文の段落を書く。

⊙はじめて読む人に、何について書くのか説明する導入の段落を書く。

⊙全部の文章を読み、文法や綴りの間違いを訂正し、何を書いたか明確かを確かめる。

注：綴りや文法の間違いの訂正だけに集中すると、全体的な誤りを見逃すことがある。必ず、全体を読み通す必要がある。特に声に出して読んでみるのは効果がある。

⊙別の人に読んでもらう。意味がわかるか？　間違いはないだろうか？

⊙目次と参考文献を書く。

⊙しばらくおいておく。一晩が望ましい。

⊙レポートをもう一度見なおし、自分か、読んでくれた人が見落としていた間違いを正す。

⊙レポートをプリントし、先生の指示どおりに綴じる。指示がなければ、ホチキスでとめる。

⊙レポートを提出する。

⊙レポートを完成させたことを祝う。誰かを呼び、でき上がったことを告げ、自分が学んだこと、本当に楽しかったことを伝える。

☀──見落としがちな個々に対処するスキル

多くの子どもには、見過ごされていること──すでに身につけていることを期待されている情報やスキルだが、なんらかの理由で獲得していないもの──があります。問題解決や交渉術、時間の概念、怒りをコントロールするスキル、自分を落ちつかせるスキルなどです。また与えられた課題が大きすぎて、子どもが恐れをなすときです。

親は、子どもはやればできると信じたいでしょうが、できる場合もありますが、そうでない場合もあります。

もし、子どもができる「べき」と思うことができなくて腹が立つときは、「子どもがこれをできるようになるには、どんなスキルが必要だろう?」と、考えてください。トレーシーが気づいたように、子どもが必要なスキルをもっていないことがわかるかもしれません。

4歳のトニーは、出かけるときには自分で靴をはくことになっていました。何度も靴をはくように催促しましたが、何もしません。ついに、私は彼のそばにしゃがんで言いました。「足もとに靴下と靴があるね。どうしてはかないの?」

トニーは「靴下が裏返しだし、どうやってなおしたらいいかわからないよ」と答えました。

私はあきれてものが言えませんでした。こんな簡単な、すぐに解決できる問題なのにと。

私はトニーに靴下を表に返すやり方をやってみせました。彼は靴下をはき、靴をはき、私たちは出かけました。

必要であっても子どもにとっては複雑なスキルもあります。たとえば時間という概念です。

クリスティンは、小学校1年生の息子のザックがたびたび校長室に呼ばれるので動揺していました。彼はいわゆる乱暴な子どもではありませんでした。彼の問題は、「読書」の時間になっているのに、「数学」の問題をやりつづけていたことでした。

クリスティンは、ザックが「時間を理解できない」のだと思いました。幼稚園では、時間を認識できなくても問題はなかったのです。というのは、科目は柔軟で、必要があれば誰かが彼の手を止めていたからです。1年生になった今、彼は時間の経過を知り、自分で行動を切り替えることが期待されていました。

それで、クリスティンは彼に、自分で行動を中断することを教えることに決めました。ザックは夕食後、毎晩20~30分勉強することになっていました。そこで、彼女は2冊の練習帳を買ってきて、彼が、その2つを時間がきたら切り替えられるようにしました。タイマーがなったときに別の練習帳に移るとチケットが1枚、タイマーがなる前（5~6分前）に切り替えたら2枚もらえました。チケットでテレビを見る時間を長くしてもらうことができたのです。

「時間の経過を知ること」が進歩するのに1~2週間かかりましたが、彼はどこで中断して練習帳を取り替えるかわかるところまで到達しました。

子どものなかには、ある種のスキルを発達させるのに大人の手助けが必要な子どももいます。また、スキルが欠けているのか、それとも大人の関心を引くためにそういう行動をとるのか、判断が難しいときもあります。

教えるのが簡単なスキルもあります。わかりやすく、理解しやすいものです。たとえば、子どもが卵を割ることができないとか、マッシュポテトを食べられないといったことに気づくのは簡単です。

もっと複雑で、簡単には見抜けないスキルもあります。たとえば、どうやって問題を解決したり、イライラしているときに自分を落ちつかせるか、などです。

子どもにとって、結果は見えても、その過程を知ることは難しいのです。ジョーンの話でこれがわかります。

私の息子は先生から、家ではどのようにして問題を解決しているか聞かれました。マイケルは少し考えて、「ママが静かになって、それでおしまい」と言いました。私は彼が気づいていたことはうれしかったのですが、私がどのようにして自分を落ちつかせているかわかっていないことに驚きました。私は、彼に私がやっていることが「見える」ように、問題解決の途中で自分に語りかけることで、お手本を示そうと決めました。

親は子どもの最初の教師であることを覚えておいてください。親の助けで、子どもは能力を発揮し、自信をもつようになります。

スター・ペアレンティングのポイント「新しいスキルを教える」の目的は、子どもが家でも、学校でも、社会でも成功するのに必要なツールを提供することです。

スキルを教える3つのツールは「手本を示す」「正しくやりなおさせる」「具体化する」です。

新しいスキルを教えるツール1：手本を示す

「手本を示す」は、スター・ペアレンティングのポイント「新しいスキルを教える」の最初のツールです。手本を示すことは強力なツールです。幼い子どもは自然に大人のまねをします。本を読んだり、料理をしたり、車を運転したりといった、まわりの人の動作を見て、やってみようとします。

手本を示すことで教える

何か教えるときにもっとも自然なのは手本を示すことでしょう。私たちは絶えず、よくも悪くも、子どもに手本を示しています。子どもは親のやることを見ています。

効果を上げるためには、子どもにしてほしいことを正確に行ない、役に立つなら説明をつけ加えます。

子どもにしてほしいことをする

子どもにぐずぐず言うのをやめてほしければ、大人が子どもに気持ちよく話す必要があります。息子にコートをかけてほしければ、自分のコートをかけます。もし幼い子どもが、大人がコートをかけているところを見なければ、朝太陽が昇るように、魔法のようにそれが起こると思いこむかもしれません。

子どもは自分が観察することから、人がすること、しないことの判断をします。これを観察学習といい、一番簡単に子どもが学ぶ学習法です。次の話を見てみましょう。

デイブとジーンは家事と子育てを分担していました。たとえば、ジーンは食事をつくり、デイブは皿洗いというように。デイブは皿洗いが好きではなかったので、ぐずぐずと先のばしにし、子どもが寝たあと、夜遅く皿洗いをしていました。

ある日、ジーンが4歳の息子のリッキーに、台所の片づけを手伝ってと頼んだところ、彼は「男は皿洗いをしない」と断ったのです。リッキーは、お父さんが皿洗いをしている姿を見たことがなかったので、男はしないのだと結論づけていたのでした。

自分のしていることを説明する

手本を示すことは新しいスキルを身につけるときに役に立ちます。しかし、子どもは親の考えていることはわかりません。手本を示すのと、言葉にして表現したり説明するのを組み合わせるといいでしょう。

望んでいる行動が起きれば、それをほめ、注目してその行動をのばしましょう。そうでないと続けてやらなくなります。次の話で、その過程がわかります。

ジェニファーは、3歳の息子のネイサンに他人の手助けができる人になってもらいたいと思っていて、彼を巻きこむ方法を探していました。

２人がある日の午後散歩をしていたとき、前を歩いていた年配の女性が手に持っていた手紙を落としました。ジェニファーはその手紙を拾い、ネイサンにその女性に手渡したいかどうかをたずねました。彼は手紙をとり、女性のところに走って行き、手渡しました。女性は彼に微笑んで「ありがとう。ご親切に」と言いました。彼は満面の笑みを浮かべてお母さんのところにもどってきました。

ジェニファーはその経過を、「あなたは手紙をおばあさんに渡した。彼女はそれが気に入り、あなたにお礼を言った。あなたはとても役に立った」と、要約して聞かせました。

☀——子どもにまねしてほしくない行動を避ける

子どもは、見るもの聞くものすべてを手本にするということを覚えておきましょう。大人のよい習慣と同じように、悪い習慣も簡単に身につけてしまいます。子どもの多くは、大人がしていれば、同じように、居間で食事をしたり、タバコを吸ったりしたがるようになります。子どもが何かを身につけるのに何度も繰り返さなくてはならないときもあれば、１回見ただけで覚えるものもあります。


17歳のリコは2～3週間ドロテア叔母さんのところに滞在していました。叔母さんはリコに、幼い娘のニーナがすぐに言葉を覚えるので、汚い言葉を覚えてほしくないから言葉には気をつけるようにと注意していました。

ある晩、リコがレポートを書いていたとき、そばに積んであった本の山が崩れ、飲みかけのコーラがノートやテーブルじゅうにこぼれ、めちゃくちゃになりました。彼は汚い言葉を言いかけましたが、急いで自分を抑えて少し婉曲的な「ちくしょう」という言い方に変えました。

ニーナは驚いてリコを見上げましたが、何も言わず遊びを続けていました。しかし、次の日彼女は「ちくしょう」と言いながら、家のまわりにあるものをひっくり返していたのです。

新しいスキルを教えるツール2：正しくやりなおさせる

「新しいスキルを教える」の2番目のツールは「正しくやりなおさせる」です。

このツールは身体的な習慣を身につけるのに役立ちます。親があるふるまいや行動を繰り返すたびに、子どもが親と同じふるまいや行動をする可能性が高まります。これは脳の神経経路が強まり、そのふるまいや行動が記憶されるからです。それで、子どもに別の行動をとってほしいなら、子どもが別の回路をつくるのを助ける必要があるのです。一番簡単なやり方は、子どもを最初の位置にもどして、してほしい行動をやらせることです。

正しくやりなおさせる方法

正しくやりなおさせるには、子どもをやさしく間違った行動をとったところに連れもどし、正しくやりなおしなさいと言うか、やりなおせるように手伝って、正しくやりなおすまでそばにいることです。

たとえば、子どもが部屋に入ってくるときにドアを閉め忘れたら、子どものところへ行き、「ドアを閉め忘れたわよ」と言って、子どものからだに手を回し、入り口までもどって、ドアを閉めさせます。

このプロセスは、回数を重ねることで、早く子どもがその動作を身につけるようになります。

このツールは、子どもに新しい習慣を身につけさせるとき、何をすべきか伝えるより、効果があります。子どもと一緒にからだを動かすことが、その課題をより重要に思わせるということがわかっています。

次に、正しくやりなおさせるツールがどのように使われたか、いくつかの状況を紹介します。親がどのように実行したかがわかります。

正しくやりなおさせるツールをより効果的にするために、さまざまな身体的な動きを取り入れることをすすめます。タオルをかける、気持ちのよい声で話す、ベッドを整える、道路の内側を歩くなどです。

タオルをかける

リックは7歳の息子のディランを育てるために、スター・ペアレンティングのクラスを受けているシングルファザーです。

リックが今とても困っているのは、リックが何度きちんとしなさいと言っても、ディランがお風呂に入ったあとタオルを廊下に置きっぱなしにすることでした。命令すれば、けんかになりました。

ある晩、ディランがお風呂上がりに、廊下にタオルを放りっぱなしにしたとき、リックは正しくやりなおさせようと決めました。彼はディランのところに行き、からだに手を回し、「タオルは浴室に置くことになっている。もどそうよ」と言いました。リックはタオルを拾い上げ、ディランに渡し、2人で浴室にもどりました。ディランはタオルをかけるとき微笑んでいました。

リックはクラスで、このような結果になって驚いたことを報告しました。大騒ぎにも、けんかにもならなかったからです。

☀——ベッドを整える

ニコルは子どもたちに、自分なりの基準をもち、ベッドをきちんと整えることができるようになってほしいと思っていました。

息子が部屋から出てきたとき、ニコルは彼のベッドが整っていないことに気づきました。ニコルは手を回して彼を抱き、「おや、ベッドを整えるのを忘れたね。正しくやりなおそう」と言って、彼と一緒に部屋にもどりました。彼はすばやくベッドカバーとキルトをかけ、枕を整えました。ニコルは微笑んで、「すばやくベッドを整えられたわね。ベッドはきちんと見えるし、部屋もずっと素敵になった」と言いました。

☀——気持ちのよい声で話す

メリッサは、娘がよくめそめそした声で話すのでイライラしていましたが、それを叱ることはしませんでした。

メリッサは、今度、娘がめそめそした声で話したら、微笑んで「まあ、ジャスミン、あなたの素敵な声はどこへ行ったの？　気持ちのよい声でもう一度言ってごらん」と言ってみることにしました。ジャスミンは、自分の要求を気持ちのよい声で繰り返しました。

☀――走らずに歩かせる

Dさんは24人の女の子の隊を率いるガールスカウトのリーダーです。隊が集まるのは教会で、そこでは走りまわってはいけません。毎年、新学期に隊の活動が始まると、新入生はルールを忘れ、ドアのそばに荷物を置いたり、活動が行なわれる部屋のなかを走りまわったりします。

Dさんは、誰かが走りはじめるのを見るとすぐに、その女の子のところへ行き、からだに手を回して走るのを止め、ルールを思いださせて、一緒に歩く練習をしました。

「まあ、まあ、アンナ、歩くのを忘れたのね、正しくやりなおしましょう」。2人は振り向いて、アンナが本を置きっぱなしにしていたところまで歩いてもどり、それからまたアンナが止められたところまで歩いてもどりました。

1～2週間ほどで、Dさんがある女の子のほうに1歩近づくだけで、その子は振り向いて、本を置きっぱなしにしているところまでもどり、みんながいるところまで歩いてくるようになりました。

「正しくやりなおさせる」ツールを使うときは、子どものところへ行き、気持ちのよい声で正しい行動を思いださせ、その子が正しくやりなおす間、一緒にその行動を行なうか見守ります。部屋の向こうからそうしなさいと言ったり、不機嫌に言ったりしたら効果がありません。このツールに効果がある理由のひとつは、やりとりが陽気になされることかもしれません。

ここまで見てきた2つのツールは、どちらもとても簡単で比較的時間がかかりません。

次のツール「具体化する」は、もっと考えて計画する必要があります。

新しいスキルを教えるツール3：具体化する

「新しいスキルを教える」の3番目のツールは「具体化する」です。

「具体化する」とは、子どもが抱えている課題の解決のために、子ども自身が何をすればいいかを、工夫することを言います。複雑に感じる課題や仕事やスキルを、より扱いやすくするやり方です。

これは簡単なスキルを教えたり、もっと複雑な行動を教えるのに使うことができます。マークの話でこのプロセスを見てみましょう。

2歳半のアマンダは自分で服を着たがりましたが、できませんでした。私が手伝うと「自分でやる」と叫ぶのでした。争いを続ける代わりに、私は彼女に、自分で服を着る方法を教えることに決めました。

アマンダの行動を観察すると、私のように立ったまま服を着ようとしていることに気がつきました。片足で立ってバランスをとってズボンをはくことができないので、床に座ってはく必要がありました。私は彼女がどうやったらできるようになるか考え、５段階のプロセスをつくりました。

１　床に彼女のズボンを平らにしておく。

２　床に座ってウエストのほうを向く。

３　ウエストの部分を持ち上げ、片足を入れ、それからもう一方の足を入れる。

４　足が出るように、ズボンを引き上げる。

５　立ち上がり、ズボンをウエストまで引き上げる。

それから私は、彼女の隣に座り、自分のズボンで１〜５のステップを実演してみせました。ちょっと変に聞こえるかもしれませんが、本当に効果がありました。プロセスを細かい段階に分けたのが役立ったのだと思います。

どのように始めるか

「具体化する」とは、子どもへの課題を細かいステップ（段階）に分けて、ステップごとに教えることを言います。親がその段階をひとつずつ手本として示すか、簡単な指示をして各段階を教えます。

複雑なスキルを教えたいときは、２つに分けることが必要です。まず、計画を立て、次にそれを実行に移します。計画を立てるには、①子どもがすでにできることを知り、②子どもが学ぶ必要のあることをリストアップし、プランを立て、それを実行します。

それぞれを簡単に見ていき、それから親たちが子どもにどのようにこの方法を使ったか、いくつかの例を見ていきましょう。

☀——子どもがすでにできることは何か？

子どもを観察したり、子どもにたずねたり、誰かにどう感じるかをたずねて、情報を得ることができます。マークは、娘がなぜひとりでズボンをはけないのかを探るために観察しました。トレーシーは息子に、なぜ靴をはかないのかたずねて、靴下を裏返す方法を知らないことがわかりました。

そのほかに情報を得る方法として、子どもがどのように状況に対処しているかを観察する時間を設けるか、友だちに観察を頼んだり、子どもの先生にアイデアを求めてもいいでしょう。

☀——子どもが学ぶ必要のあることをリストアップする

リストには情報とスキルの両方を書きましょう。

これらを見つけるためには、あなたが子どもにしてほしいと思っている行動を、ひとつずつ順番に検証します。心のなかでやってもよいし、からだを使ってやることもできます。自分がスポーツキャスターになって、あるイベントを詳細に描写するところを想像するのが役立つ、と言った人もいます。また、子どものの成功のためにどんな情報や言葉を必要としているかを記録します。

プランを立て、実行する

リストを手にとり、わかりやすい順番に項目を並べ替えます。教材があれば、どのようにして取り入れるかを考えましょう。子どもにとってできるだけ受け入れやすくするために、特別な言葉や行動を発明したいと思う場合も出てくるでしょう。

これはベス叔母さんが、ケイティがノルウェーについてのレポートを書くのを手伝ったときに使ったのと同じプロセスです。まず、ベスはケイティに知っていることをたずねました。次に、する必要のあることをリストアップし、必要なものを集め、ケイティが来たとき各段階をやってみせました。週明けまでに、ケイティはレポートと将来使えるスキルを手に入れました。

具体化する例

「具体化する」というのは、とても難しそうに見える課題を簡単にすることです。

マークが娘にズボンのはき方を教えたときのように、すぐにできて簡単な場合もあれば、もっと時間と努力が必要なこともあります。その例として、モニカが、娘のエマが気持ちのいい声で話すようになるのを手伝ったときのことを振り返っています。

エマが話すたびに、私の神経にさわりました。何事につけぐずぐずと言うのです。エマのぐずるときのことを考えてみると、問題は、エマがいつ自分がぐずぐず言い、いつ気持ちのいい話し方をしているのか、本当は知らないことにあるのではないか、と思いいたりました。私は、エマが自分で声の調子に気づき、それを変えるにはどうしたらいいかを考え、変えるための方法を3段階に分けてやることに決めました。

1　ぐずぐず言うときの声と気持ちのいい声の違いを認識させる。

2　彼女がぐずぐず言っているときに気づかせ、口調を変えさせる。

3　最初から気持ちのいい声で話させる。

このプロセスは1〜2週間かかりました。以下が実際にやったことです。

まず、私はエマにぐずぐず言うときの声と気持ちのいい声の違いを認識することを教えました。はじめに、人形を使って、ぐずぐず言って気持ちの悪い場合の声と気持ちのよい場合の声を出してみました。それからテープレコーダーにそれぞれの声を録音しました。私は「この音は何?」というゲームを発明し、実行しました。彼女が2つの声の違いがわかるようになったので、次の段階に進みました。

2番目に、私は彼女に、自分がぐずぐず言っているときに気づき、気持ちのいい声に変えるよう頼みました。私たちはぐずぐず言うふりをして、それを気持ちのいい声に変えることから始めました。それから実際にやってみました。

私はエマに、「ママがぐずぐず言っているときに気がついたら、変えるよう言ってね」と言いました。そして、「エマにも同じようにするからね」と言いました。私は彼女が気づくように、時々ぐずぐず言うようにしました。

エマが、簡単に声の調子を変えることができるようになったとき、最後の段階に進みました。最後に、私はエマに、最初から気持ちのいい声で話してね、と頼みました。もし忘れたら、ママがあなたの言うことを無視するか、あなたが別の部屋に行って5つ数えてからもどってきなさい、と言いました。エマは別の部屋に行くほうを選びました。彼女はすぐに、別の部屋に行ってもどってくるほうが、最初から気持ちのいい声で話すより時間がかかることを発見しました。彼女はすぐにもっと口調に気をつけるようになりました。

身体的な（からだを使った）スキルを具体化する

身体的なスキルを教えるのに使える5つの段階を以下にまとめました。

まず、なるべくサポートをしないことから始め、子どもがあなたの指示することができなければ、少しずつ手助けを増やしていきます。

忍耐と情報の正しいバランスを見つけましょう。

忍耐力では、子どもに、あなたの指示について考え、実行するのに十分な時間を与える必要があります。

情報については、タイミングよく、子どもがイライラしすぎない前に、与える必要があります。

次の段階に移るのを待つ時間は、子どもの年齢、気質、経験によってさまざまです。まず10〜15秒から始め、それから必要に応じて時間を長くしたり短くしたりしましょう。

身体的なスキルを教えるための5つの段階

1　注目する

手助けをせずに、子どもが行動を始めるまで10～15秒待つ。

子どもがいきづまったり、難しそうなら、すばやく次の段階に移る。

⊙絶えず注目するか、単に「そうだ」「できたね」とほめて、成功したときにはほうびを与える。

⊙15秒以上待つと苦痛を増し、なんの得にもならない。

2　言葉で情報を与える

指示を与えるのではなく、事実を言う。

「赤い箱を青い箱の上に載せなさい」ではなく「赤い箱は青い箱より小さい」というように、指示より事実に焦点を合わせる。

子どもに新しい情報を使って何をすべきかを理解させる。

⊙成功した行為について言葉にする。「赤い箱を青い箱の上に載せたね」

⊙言葉にすばやい効果がなければ、行動の手本を示すことに移る。

3　行動の手本を示す

子どもに覚えてほしい動作を、きちんとやってみせる。

箱や、靴下、はさみなどの道具を子どもの分と自分の分、用意する。

子どものそばに立つ（座る）。

やってみせるときに、子どもに自分のしていることを説明する。

楽しそうにやってみせるのも役立つ。

⊙成功した行為について言葉にする。注目する。

⊙子どもがその行動をすぐにできなければ、からだを使って合図を送る。

4　からだを使って合図を送る

指差したり、ふれたり、ねじったり、別のところへ置き換えたりする。できるだけ手助けを少なくする。

子どもに、どこを見るか、どうやって持つか、いつ押すかをからだで示す。

⊙成功を認め、注目する。

⊙これでうまくいかなければ、実際にからだを使って手助けする。

5　物理的な援助を与える

全部ではなく、子どもが難しくてできない部分を一緒にやってあげる。

目的は、子どもが難しいところは素通りして、その行動が成功することにある。

物理的な援助とは、一緒に行動したり、声に出したりすることをいう。

⊙完成したことを認める。

「赤い箱を青い箱の上に置けたね」と事実を口に出して言う。または、「よくできたね」などと成功したことを言葉にする。

⊙努力を認める。

「箱を積み上げるのを一生懸命やったね」など。

子どもがまだ具体的な手助けが必要なら、それは今のところ発達段階から考えて子どもの能力を超えている。もう一度やってみるまで、数日か数週間この話題にはふれないようにする。

自分の気分を静めるための方法を具体化する

次の囲みの「自分の気分を静めるための方法の教え方」は、私の本『親と子どもの感情ＢＯＯＫ』のなかで紹介した、子どもに自分を落ちつかせる方法を教える５段階のプロセスです。

自分の気分を静めるための方法の教え方

1　スキルを導入する。
2　スキルと感情の変化を結びつける。
3　子どもが落ちついているときスキルを練習する。
4　子どもにその方法を使うよううながす。
5　手を引いて、子どもに自分で使わせる。

ジェニファーは息子がイライラしたとき、深呼吸をする方法を教えるのに、このプロセスを使いました。

うちの息子のウィリアムは怒りっぽい子でした。幼いころは、泣き叫んで大騒ぎになっても年齢のせいだと受け止めていました。でも、６歳になっても激しさは変わりませんでした。夫のジェイムズは、ずっと息子に落ちつきなさいと言いつづけていました。私は、深呼吸して、家のまわりを走ったらと提案しましたが、なんの変化もありませんでした。

私たちは自分の気分を静めるためのツールをひとつ選び、『親と子どもの感情ＢＯＯＫ』に書かれている段階を使って教えることにしました。これがその段階です。

まず、私たちはスキルを導入しました。

ジェイムズはウィリアムに、ティッシュを丸めたものをテーブルの端まで吹き飛ばすやり方を教えました。ウィリアムが何度かやってみたあと、ジェイムズは息が大きいほど、ティッシュが遠くまで飛ぶことに気づかせました。彼はウィリアムにティッシュを「ずっと遠く」まで吹き飛ばしてごらんと言いました。2人は、ウィリアムが深呼吸できるようになるまでティッシュ遊びを続けました。

次に、私たちはその行動を、感情を変えることに結びつけました。

ある晩ジェイムズの機嫌が悪いとき、ティッシュ遊びをしないか、とウィリアムに提案しました。2人が始めたとき、ジェイムズは何気なく、機嫌が悪いんだと言いました。しばらく遊んだあと、ジェイムズはウィリアムのほうを向いて、「ウィリアム、聞いてくれる？　パパはもう機嫌が悪くないよ」と言いました。ジェイムズは続けて、ティッシュ遊びをしたらどんなに気分がよくなったか言いました。

ある晩、ウィリアムの怒りがおさまりそうにないとき、ジェイムズはティッシュ遊びをしようと言いましたが、理由は言いませんでした。ウィリアムの気分がよくなったとき、ジェイムスは何気なく、「始めたときは、君はイライラしていたが、今はよくなってるね。ティッシュ遊びは君にも効き目があるみたいだね」と言いました。

ジェイムズは、ウィリアムがイライラしたり、落ちつきがないように見えるときは、ティッシュ遊びに誘い、やがてウィリアムは気持ちを自分で変えられることに気づきました。

ウィリアムが、感情が変化することに気づいたので、私たちはツールを使う練習を始めました。

私はウィリアムに、今読んでいるイギリスの童話『3びきのくま』の登場人物を助けて、と頼みました。そのお話では、ゴールディロックスという女の子が森のなかで家を見つけ、なかに入ると、熊たちがもどってきて、ゴールディロックスは脅えて逃げて行きます。

私は「ウィリアム、ゴールディロックスは自分を落ちつかせるのにどうしたらいいかな?」と言いました。

はじめ、彼はぽかんとしていましたが、それからにやりと笑い、「深呼吸する」と言いました。

しばらくして、私は、ウィリアムをイライラさせる状況に似た物語――たとえば、テディベアは、ほしがっていたシリアルがないのでイライラしている――などをつくりはじめました。そしてウィリアムに、テディベアは何ができるかな、と聞きました。まもなく彼はテディベアに、自分の気分を静める方法を教えることができるようになりました。

最後に、私はウィリアムが激怒した日の状況を再現し、どのようにしたら深呼吸して自分を落ちつかせられるか、実際にやってみせました。

それからウィリアムに、その方法を使うようにうながしました。

私は彼に、深呼吸して自分の気分を静める方法を何と名づけたいかたずねました。彼は少し考えて「ドラゴンの息。火を吹いて、不機嫌を吹き飛ばすみたいだから」と言いました。

私はそれをわが家の暗号にしていいか聞きました。そして私が落ちつく必要があるときは、彼が「ドラゴンの息」と言って、思いださせてくれました。そして、彼がイライラしているときは、私が同じように合図しました。

私は彼が完全に「我を忘れる」前に、「ドラゴンの息」と言うようにしました。すると、驚くことに、彼はたいていの場合、自分で自分を落ちつかせることができるようになりました。彼が深呼吸をするとき、私は「深呼吸しているね。感情がコントロールできるようになったんだね」と言ってあげました。最後に、私は手を引いて、ウィリアムにひとりでやらせることにしました。ウィリアムは、1～2週間は、思いださせると、「ドラゴンの息」を使うようになりました。でも、彼に自分でやってほしいと思ったので、催促する回数を減らしていきました。

このプロセスは4カ月ほどかかりましたが、その価値はありました。彼のそばにいても気楽になり、彼も気分よく過ごしています。

ジェニファーとジェイムズは「自分の気分を静めるための方法の教え方」を、具体的に息子の行動に適用しました。彼らは長期にわたって問題に取り組み、子どもの感情を変えることができました。新しいスキルを教えるとき、基準を設ける必要がある場合があります。次にこれについて見ていきましょう。

基準を定める

子どもが幼いときは、手際よくやれなくてもかまいません。ですが、子どもが大きくなるにつれて、多くの親は各課題についての基準を教えたくなります。基準にそう行動を教えるには、基準を決め、チェックリストをつくり、その基準を伝え、実行します。子どもに自分でその課題をやり、チェックするように言います。努力し、成功したらほめましょう。これも具体化のひとつの例です。

ベッドを整える
10歳の子ども向けのニコルの基準

◑**シーツと毛布**
上部のへりを巻きこむかまとめこむ。
両側も同じようにする。
シワのないように平らにする。足もともくるむ。

◑**枕**
ふわふわにして、ベッドの枕もとにおく。

◑**ベッドカバー**
ベッドの上にかける。
シワのないように平らにする。
両側と足もとも同じようにする。

☀——基準を決める

その仕事が満足のいくものかどうか、どうしたらわかりますか?

基準は明確で目に見えるものでなければなりません。つまりイエス・ノーが言えるものです。親に言われたことをやったとき、あまりよくないとか、さらに要求がつけ加えられたら、子どもはがっかりします。

右の囲みの、ベッドを整えるときのニコルの基準を見てください。このように具体的で誰でもチェックできるものでなくてはなりません。

リストができたら、子どもの年齢と気質に合っているかを考えます。

基準は子どもの成長に合わせて変えることができます。たとえば、3歳半の子どもには、枕は枕もとに、ベッドカバーは上までかけるように言います。

☀——チェックリストをつくる

基準ができたら、子どもが自分で使えるリストをつくります。

ニコルのリストのように簡単なものや、子どもが字を読めないなら絵で示したり、チェックボックスをつけてもいいでしょう。基準を覚えかけている子どもには最後のやり方が役立つでしょう。

☀——基準を伝え、実行する

目標はよい仕事、悪い仕事、不完全な仕事をくらべることです。ほとんどできる仕事から始めてもいいし、はじめてやることから始めてもいいでしょう。子どもに基準をひとつずつ読んでやり、それをチェックするというのも役立ちます。

ニコルは息子のジャスティンにどのように基準を示したかを説明しています。

私は、子どもたちがベッドを上手に整える方法を学んでほしいと思いました。娘のジェシカのベッドがきれいに整っているときを見て、彼女にそれを基準に利用させてほしいと許可を求めました。彼女がいいと言ったので、私はリストをつくって、プリントアウトし、私のベッドを少し乱しました。それから、ジャスティンを呼び、ジェシカの部屋に行きました。

私は彼に、基準をひとつずつ読み上げ、指で示して、それができているか教えてと言いました。

次に私の部屋に行き、そのプロセスを繰り返しました。

最初の項目は、シーツと毛布の上部でした。毛布の片方は上まで上がっていましたが、片方はそうではありませんでした。彼は完璧にできているものと思い、当惑したように私を見ました。私は「隅から隅まで上に上がって、平らになっている?」と聞きました。彼は「ううん」と言ったので、私は「いいわ。あなたは、どうなっていたら整っているように見えるかそうでないのかは、わかっているのね」と答えました。

私たちはチェックを続け、彼は、私がわざと乱したところを2つ見つけました。彼は、見つけたことに喜んで微笑んでいました。もし私のベッドが完璧だったら、彼は評価の仕方を学べなかったでしょう。

子どもに楽しく基準に気づかせるためには、子どもに親の仕事をチェックさせ、間違いを発見させるという方法があります。毎回違う間違いを設定し、何度かやらせてみましょう。この方法は完璧な仕事を評価するより、ずっと効果があります。

☀――子どもが仕事をすませたら、自分でチェックさせる

次に、子どもが仕事をするときに、チェックリストを渡して、終わったら自分でチェックするように言います。

私のベッドのチェックがすんでから、私はジャスティンにリストを渡し、自分のベッドを整えて、終わったらチェックするように言いました。それがすんだら私を呼んで、私が彼のチェックしたことを確かめることにしました。

彼はにこっと笑って、ベッドを整えはじめました。私は部屋を出て待ちました。そこに残っていたら、何か言いそうになると思ったし、彼にすべて自分でやってほしかったからです。

彼が呼びにきて2人で部屋へもどりました。私は基準をひとつずつ読み上げ、2人でそれを調べ、正確にできていたら、大げさにチェックを入れました。仕事はベッドカバーに少しシワがあることをのぞいては、よくできていました。私は「おや、ベッドカバーに少しシワが寄っているよ。正しくやりなおそう」と言いました。シワはすぐにきれいになり、私はチェックリストに大きな印をつけてあげました。

仕事がよくできていたらほめる

プラスの面に焦点を合わせましょう。子どもによくできたことを具体的に伝えます。ニコルはこうやってほめてあげました。

「まあ、ジャスティン、上手にベッドを整えることができたね。シーツも毛布もきちんとなっている し、枕はふわふわで、正しい位置にある。ベッドカバーは平らで、シワがない。よくできたわね。うれしいからダンスを一緒に踊りましょうか」。２人は手をとり合って部屋をぐるぐるまわりました。

もし子どもが、ガミガミ言ったり叱ったりしなければいけないような、否定的なことで関心を引こうとしたら、それが何度も起きない限り、よくない面を言ってはいけません。子どもが上手にできることに焦点を合わせましょう。第5章の「よい行動を見つける」にアイデアが載っています。

新しいスキルを教えるための5つのステップ

子どもにあるスキルや立ち居ふるまいを教えたいと思っていて、子どもがどうやって身につけたらよいかわからずに困っているなら、教えるためのプランを立てましょう。

教えるためのプランは、計画性のある方法で、何が必要かを考えなくてはなりません。子どもに何を身につけてほしいかを決め、それを身につけるために必要な条件をリストアップし、計画を立て、実行し、必要なら再検討し、修正します。

プランはスター・ペアレンティングの4つの段階を適用したものです。「立ち止まって問題を見つめなおす」プロセスは、2つの部分に分かれています。あなたは何を望んでいるのか、必要な条件は何かを考えることです。特に、必要な条件を考えることが大切です。子どもは、あなたが望むことを学ぶのに、必要なスキルをもっていないことがあるからです。

パティが、娘のトイレ・トレーニングにどのようにこのプロセスを使ったか見ていきましょう。

☀——1 子どもに望むことを決める

目標を、簡潔で前向きな言葉で表現します。そして、それが子どもの年齢にふさわしいかをチェックします。

トイレでおしっこをすること。おむつはもうしない。

☀——2 必要なスキルをリストアップする

身体的なスキルと抽象的なスキルの両方を考えます。

身体的なスキル——便座に座る。パンツを下げる。自分でお尻をふく。パンツを上げる。手を洗う。

抽象的なスキル——トイレに行く必要があるときに自分で気づく。やっていることを中断する。リラックスしておしっこをする。

☀——3　プランを立てる

⊙スキルを順番に並べる。

トイレに行かなければならないのを感じる。

やっていることを中断する。

トイレに行く。

パンツを下ろす。

便座に座る。

おしっこする。

お尻をふく。

便座から下りる。

パンツを上げる。

手を洗う。

⊙どこから始めるか決める。

途中から始めることにしよう。まず、トイレに行くころかな、と思ったときに彼女をトイレに連れて行き、パンツを下ろし、便座に座らせる。

⊙どのように導入するか考える。

私は彼女にやってほしいスキルの手本を示すことにしよう。

⊙よい行動をどのように励ますか計画する。

私がうながしたときに彼女がトイレに行ったら、協力してくれてありがとうと言おう。便座に座っておしっこができたら、星のシールをあげよう。

4　プランを実行する

最後までやってみて、子どもが進歩したことを言ってあげる。「またトイレに行けたね」「もうすぐ大人のパンツがはけるようになるよ」

5　再検討、修正

うまくいっていることは？　難しいことは？

効果がないことは変えて、別のやり方を試しましょう。

この章では、新しいスキルを教えることについて見てきました。スキルには、精神的なもの、社会的なもの、身体的なものがあります。ツールは「手本を示す」「正しくやりなおさせる」「具体化する」です。

ここまでで、スター・ペアレンティングの5つのポイントと15のツールを見てきました。

次の章では、スター・ペアレンティングを使ってもなかなか思うように物事が進まないときにはどうしたらよいかについて解説します。

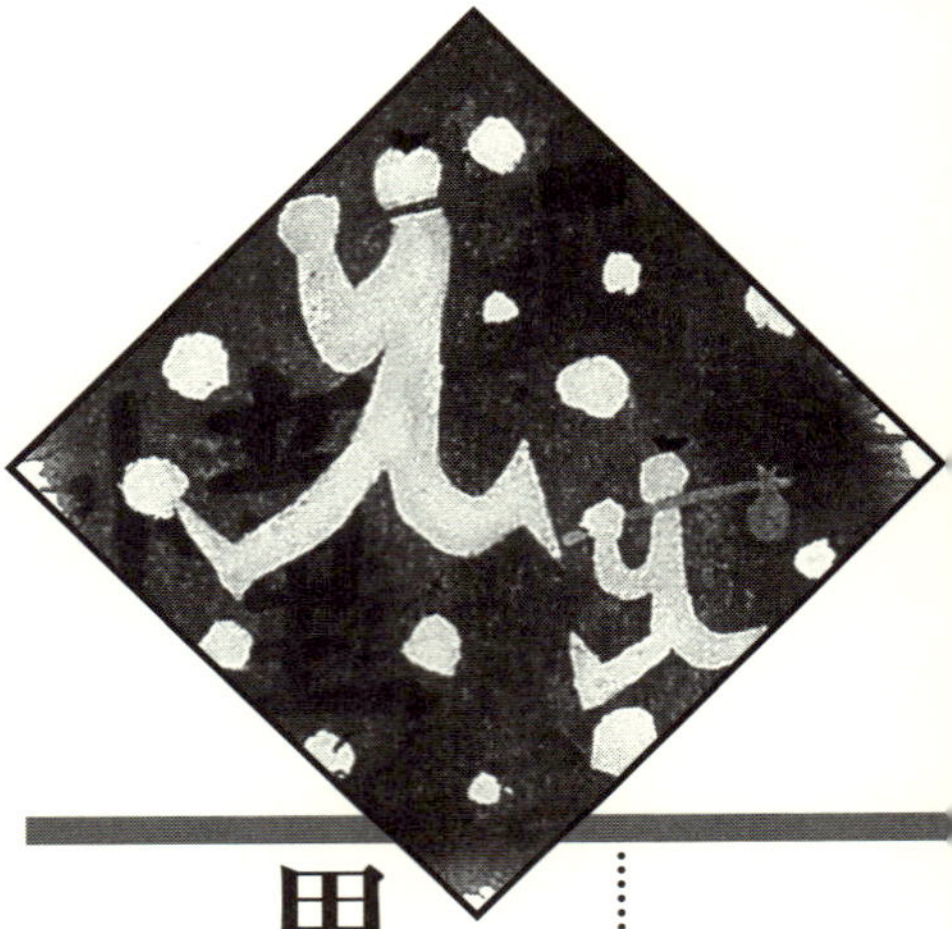

第9章 思うように進まないとき

すべてやってみたものの、うまくいきませんでした。

さて、どうしたらいいでしょう?

スター・ペアレンティングがうまくいかない理由は3つあります。親が次の3つに焦点を合わせているときです。

⊙間違ったツールやポイント

⊙間違った問題

⊙間違った人

これらをチェックし、それから自分にできることからやってみましょう。

間違ったツールやポイント

選んだツールやポイントが、今対応しなければならない問題を解決するのには適していない場合があります。ある特定のツールが必要と思いこんで、ほかのツールを検討していないときに起こりがちです。これを具体的な例で見てみましょう。

十分に注目していない

親は、子どもが注目してほしいと思っていることや、親とつながりをもちたいと思っていることを過小評価することがあります。


妹が生まれたとき、ダニエルは家に居場所がないように感じました。妹をきらいではありませんでしたが、お母さんの関心を得るために、妹をいじめました。

お母さんは「よりよい方法」を求めましたが、どんな方法もうまくいきませんでした。

ダニエルは注目されたくて、そうしてもらうためならどんなことでもしようと思っていたからです。

ダニエルは、十分に親に注目してもらうようになったら、妹をいじめなくなりました。

スキルがない

親の決めたルールに従うためには、子どもはあらかじめ必要なスキルを身につけていなくてはなりません。

イーサンは怒ったときはいつもけんかを始めました。お母さんは彼の感情を認めましたが、彼の行動に変化は見られませんでした。お母さんはそれから「おしおきの時間」を試しましたが、やはりうまくいきませんでした。

この家庭には、怒ったときにどんな行動をとるかという見本が２つありました。お父さんは物を壊し、お母さんは部屋から出ていきます。

イーサンと彼の両親は、怒りをしずめる方法を学ぶ必要がありました。

間違った問題

時折親は、潜在的な問題や根本的な問題ではなく、当面の、すぐ目の前にある問題に目を向けることがあります。これはいくつかのやり方で起こります。

間違った事柄

してほしくない行動をきちんと振り返りながら問題に対処すると、より効果が上がることがあります。

アンドリューの両親は、息子の問題を解決したくて、親教育のクラスに出席し、「よい結果」を求めていました。

息子がおしおきのときに寝室のドアをバタンと高い音をたてて閉めていました。状況をよく理解しようと、親教育者は「なぜ彼はドアをバタンと閉めたのですか?」とたずねました。

母親は「おしおきの時間で寝室に閉じこめられたからです」と答えました。

親教育者が「なぜ彼はおしおきをされたのですか?」と聞くと、「妹を叩いたからです」と母親が答えました。

「なぜ彼は妹を叩いたのですか?」

「わかりません」


子どもが何かを叩くのには、関心を引くため、怒りを表わすため、ほしいものを手に入れるためなど、いろいろな理由があります。なぜアンドリューが妹を叩いたかを知るのは、根本的な問題を解決するために役立つ情報になります。もし、そこに目を向けなければ、たとえ寝室のドアを静かに閉めるようになったとしても、妹を叩くという問題はまだ残るでしょう。

しかし、妹を叩くという問題を解決すれば、2つの問題を解決するか、改善することができます。


3歳のブリタニーはトイレに行くことも、目新しい食べ物を食べることも、水泳のレッスンを受けることもいやがりました。彼女の両親は、彼女の行動が、「頑固さ」や「挑戦的な態度」ではなく「打ち解けにくく」「適応が遅い」気質のせいであることを発見すると、リラックスして、気質に合わせた具体的なスキルを教えることができるようになりました。
ブリタニーが変化に対応するスキルを身につけると、3つのこと――トイレに行く、目新しい食べ物を食べてみる、水泳教室に行く――に、かなりの進歩が見られるようになりました。

医学的な問題が子どもの行動を複雑にすることもあります。

トーマスの両親は、7歳になっても彼がおねしょをするのに腹を立て、わざとやっているに違いないと思っていました。友だちからすすめられて、2人が彼を専門医に連れて行ったところ、トーマスには、夜、尿の出を遅らせる酵素がなく、とても速い速度で尿がたまり、膀胱からあふれる、ということがわかりました。彼が問題を抱えていたのは当然でした。

――ストレスの多い生活

子どもは、ふだんの生活のなかでストレスが多いと、賢明な決断を下したり、親に従う余裕がなくなることがあります。これは幼児でも十代の子でも同じです。

ヘザーは、幼稚園に通う娘のアリサに何が起きたのかわかりませんでした。ふだんアリサは陽気で協力的な子どもでした。最近彼女は、先生の机から物を盗んだり、友だちをいじめるようになりました。お母さんはアリサに、盗んだものを返させ、先生と友だちに謝らせましたが、問題行動は続きました。

隣人のダイアンも、アリサの突然の変化に気づいていました。彼女はアリサの祖父が最近亡くなり、ヘザーが6週間の夏休みの期間中、2週間ひとりで旅行しようと考えていることを知っていました。ダイアンはヘザーに、アリサがどういう気持ちでいるか、何が起きているかを知るために、アリサと話をするように提案しました。

ヘザーは、アリサが、ママが旅行に行ったら自分はひとりぼっちになり、ママもおじいちゃんのように死んでしまってもどってこないとおびえていることを知って驚きました。ヘザーは、旅行中はメアリー叔母さんが来てアリサと一緒にいてくれるので、ひとりぼっちではないと説明しました。次に、おじいちゃんは死ぬ前、長い間病気だったけれど、ママは健康だから、長生きするはず。それに、もしママが死んでも、アリサはメアリー叔母さんと暮らせるからと言いました。

驚いたことに、問題行動はただちにやみました。ヘザーはダイアンに、アイデアを出してくれてありがとうと言い、「よい親になるには、探偵になる必要もあるなんて知らなかった」とつけ加えました。

アリサの問題のある行動は、ストレスが減ったとたんやみました。これは十代の子でも同じです。

ミッチェルは、家でも学校でもいつも問題を起こしていました。彼はどうにか学校の勉強や行事をこなしていましたが、かろうじてできるという程度でした。

高校に入学し、よい先生にめぐり合いました。先生は彼がよく見えていないことに気づきました。先生がミッチェルに眼鏡を与えると、彼の破壊的な行動は劇的に減っていったのです。

家族の引っ越し、弟か妹の誕生、親の離婚、家族の死や入院などで、ストレスが生じます。同じように、からかわれたり、いじめられたり、発達に障害があれば、子どもにとって人生は厳しいものと感じられるでしょう。からだにストレスのかかるアレルギーや病状があるときも、そうです。潜在的な問題に向き合えば、望ましくない行動はなくなるでしょう。

間違った人

子どもの間で問題が起きたときに、焦点を当てる子どもを間違っていることがあります。また、問題が子どもではなく、親のほうにあることもあります。過去に抱いていた感情に左右されて問題に対処できなかったり、最後までやり通すことができない親もいます。

親の過去の経験

生まれた順番や過去の経験が、親としての体験に影響を及ぼします。次の2つの話を読んでみましょう。

トレーシーには2人の子どもがいました。4歳半のミーガンと2歳9カ月のライアンです。トレーシーはライアンが泣くといつも、姉のミーガンが弟にいじわるをしたと思いこんでいました。トレーシーはミーガンに、やさしくしなさい、と何度も言って聞かせましたが、それでも時々ライアンの泣き声が聞こえます。

トレーシーは、子どものけんかに対処する方法を学ぶために、親教育のクラスに入りました。最初の宿題は、子どもたちを20分観察し、不愉快なやりとりと、それがどのように始まったかを記録することでした。

最初に彼女が観察したときは、1回だけ不愉快なことが起きました。ライアンがミーガンの遊んでいるテディベアをつかみ、「ぼくの」と叫んだときでした。トレーシーは、ライアンが何も言わずにミーガンが遊んでいるおもちゃをつかんだのに驚き、もう一度観察することに決めました。2回目も同様でした。ライアンがミーガンの手から人形をつかみとったのです。

それでも、ミーガンのほうに問題があると思いこみ、トレーシーはもう20分観察を続けました。今度はライアンの要求がさらに激しくなって、ミーガンがさわるものをなんでもほしがりました。ミーガンがお絵かきを始めると、使っている赤いクレヨンをほしがりました。使い終わったら貸してあげると言っても、「今すぐ」ほしがります。貸すのを断ると、つかみとろうとします。手の届かないところに置くと、ライアンはミーガンを叩きました。

親教育のクラスで、トレーシーは、ライアンは自分が思っていたような、かわいそうな、無邪気な犠牲者ではなかったと打ち明けました。

なぜ、ミーガンがライアンをいじめていると思いこんでいたのかとたずねられると、トレーシーは、自分が幼いころいつも姉にいじめられていたので、ライアンも姉にいじわるをされていると思いこんでいた、と打ち明けました。

トレーシーは、2つの点で間違った人に焦点を合わせていたことを発見しました。まず、娘ではなく、息子がけんかを引き起こしていたこと。次に、自分が妹として生まれたということで、息子に自分を重ね合わせ、自分の判断が鈍っていたことです。

アリスはとても有能な母親です。彼女は私のクラスをいくつか受けていました。ある日、彼女は、3歳半の息子のデビッドが彼女のピザからソーセージをとるので、どうしたらいいか考えるのを手伝ってほしいと言ってきました。

私は驚きました。簡単にできることがいくつかあったからです。私はなぜそれを考えなかったのか知ろうとして、「これまで同じようなことがあなたの身に起きたことがある?」とたずねました。

彼女は一瞬びっくりしたようでしたが、それから「ええ。私が子どものころ、私の兄たちが私のお皿から食べ物を取り上げることがあり、両親は私を守ってくれなかったのです」と答えました。それから彼女は微笑んで、「もう大人なのだから、自分で対応できます」と言いました。

彼女の子どものころの、問題に対して何もできなかったという体験が、息子に対応するときのじゃまになっていたのです。息子ではなく自分の問題なのだとさとった彼女にとっては、この問題に対処するのは簡単でした。

親のやり方に問題がある場合

注目しなかったり、最後までやりとげないで、イライラする問題を引き起こしていることがあります。

ルイーザは、3歳の息子のコールが自分の言うことを聞かないのを不満に思っていました。友だちの家を訪れ、帰る支度をしていたときのことです。彼女はコールに、コートを着なさいと言い、それからほかのことに気をとられました。コールはコートを着て、しばらく辛抱強く待ちましたが、お母さんが話を続けているので、コートを脱ぎ、遊びにもどりました。

数分後、ルイーザはコールがコートを着ていないことに気づき、帰る時間だからコートを着なさいと、もう一度言いました。またコールはコートを着ました。ルイーザは話を続け、コールは待ちくたびれて、コートを脱ぎ、遊びにもどりました。

3回目にルイーザが、コールがコートを着ていないことに気づいてすぐに着なさいと言ったとき、今度は、コールは遊びつづけました。ルイーザは怒って、「ほら、コールは絶対私の言うことを聞かないんだから」と言いました。

この場合、問題の根源は、コールがルイーザの言うことを聞かなかったことではなく、ルイーザがコールの行動に気づかず、話を続けて、帰らなかったことにあります。

一方、厳しくルールを強制したら、子どもが怒ったり悲しんだりするのではないかと恐れて、最後までやり通さない親もいます。

あなたにできること

うまく問題に対処できないときには、スター・ペアレンティングの基本にもどって、もう一度やってみましょう。

自分ひとりでは対処できないと思うときには、自分自身の心身の状態をチェックしたり、子どもの専門家の助けを求めることもできます。

基本にもどる

これまで見てきたように、問題解決のプロセスを、最初からやりなおすことも役立つときがあります。

期待に焦点を合わせる

自分の価値観、子どもの気質、子どもの発達段階をチェックします。自分の思いこみを見なおし、なぜそれが正しいと思うか自問します。

自分に焦点を合わせる

その行動はいつもあなたを困らせていますか？
あなたの反応はいつも同じですか？
もし、いつも同じでなければ、その違いは何ですか？

過去に起きた何かや、ある人との関係で、問題がより難しくなっていませんか？
あなたはセルフケアやほかの人からのサポートがもっと必要ですか？

☀――問題に焦点を合わせる

データを集める。
⊙それはいつ起こるか？
⊙その行動が起きるのはどのくらいの期間か？
⊙その出来事はどのくらい続くか？
⊙背景は何か。その行動の前に何が起きたか？
⊙誰の問題か？
⊙子どもに別のどんな行動（具体的に）をとってほしいか？

☀――状況を見なおしたあと、アイデアを考える

ばかげていると思っても、それぞれのツールを使うのに少なくとも2通りのやり方を考えます。この目的は、思考を広げ、あなたが陥っている習慣から脱けだすことにあります。または、何人かの人にツールを使う別の方法を考えてもらいましょう。

☀――次に、プランを立てる

個人的に持つ障害や、それをどうやって避けることができるかも忘れないで考えましょう。どのくらいの期間そのプランをやってみるかを決め、実行します。最後に、プランを再検討し、必要であれば修正するか、ほかの人に助けを求めます。

☀――セルフケアの努力をすることと選択したものを見なおす

状況が同じなのに、自分の反応が、あるときは怒りで、あるときはそうでない、ということがわかったら、セルフケアの方法や内容を見なおし、自分にとって何が必要かを考えます。

◎◎◎……外部に助けを求める

時には誰もがいきづまります。そんなときには、外部に助けを求めましょう。本から情報を得ることのデメリットは、本はフィードバックしてくれないことです。また、子どもが自閉症だったり、多動性障害だったり、躁鬱の傾向があったりなど、特別な状況の場合、普通の家庭より多くの情報やスキルが必要になります。

自分で解決できない問題を抱えている場合は、外部の助けを求めるのが役立ちます。親教育のクラス、子どもの発達に関する専門家、カウンセラー、セラピスト、医師、親教育者などです。その場合は、あなたの知らない情報や知恵をもっている人を見つけることが重要です。

☀——関心のある講座に通う

講座の利点は、参加者どうし、質問し合ったり、フィードバックしたりという肯定的な相互作用にあります。ほかの親に出会うことで、彼らにも問題や心配事があることがわかります。コミュニティセンターやメンタルヘルスのグループ、地区の公民館などを探しましょう。

☀——子どもの発達に関する専門家

子どもへの期待が現実的でないために問題を抱えている親もいます。自分の子どもが同じ年齢のよその子と同じようにしないのを見て、親に対しての反抗心からだと決めつける親もいます。2人の子どもが、経験も、気質も、DNAも違うのだということを理解していないのです。子どもの発達に関して訓練を受けたスタッフのいる託児所もあります。また、かかりつけの医師から紹介してもらうこともできます。

☀——親教育者

すぐれた親教育者は、判断をまじえずに聞き、親の考えていることを知るために質問し、関連のある新しい情報を与え、親が自分自身と子どもに対処するのに役立つ具体的な提案をするように、訓練を受けています。幅広く訓練を受けている人で、あなたの問題と同じような状況に対応した経験のある人を探しましょう。

☀︎――医師

トーマスの例で見たように、子どもの問題の奥に医学的な問題がひそんでいないかを検査してくれる医師もいます。また、アレルギーのある子どもは、かんしゃくを起こすことが多く、感情が爆発する傾向があります。睡眠時無呼吸症候群の場合も、問題行動が多くなる傾向があります。子どものかかりつけの医師に相談しましょう。

☀︎――カウンセラーやセラピスト

親や子どもを問題の行動にかり立てている原因が、過去の体験や無意識の信念にある場合があります。このような場合、カウンセラーやセラピストに相談するのも役立ちます。友だちや同僚に、評判のいい人、避けたほうがいい人を聞きましょう。教会やメンタルヘルスグループを調べたり、電話帳で調べてみましょう。よさそうな人を見つけたら、その人があなたの心配事に関してトレーニングを受けているか、経験があるかを調べましょう。

おわりに

スター・ペアレントは成長する親であり、完璧な親ではありません。

ここまでよく読み進んできました。あなたの努力に感謝します。そして、おめでとう。それはあなたに心配事と、関心と、忍耐力があったからです。この3つはどんな親でも、もっています。この本では、スター・ペアレンティングのプロセスとポイントとツールが、子どもの問題行動を解決するときに、どのように効果があるかを、実行した人の具体例を紹介しながら、解説してきました。もし、あなたがまだスター・ペアレンティングを始めていなければ、あなたの次の段階はスター・ペアレンティングを自分自身の家族で試してみることです。

☀——なぜ成長に焦点を合わせるのか？

私は柔軟な態度をとることが大切だと信じています。というのは、生活は絶えず変化しているからです。あなたの子どもは成長し、変わっていきます、あなたもそれに応じて成長しなければなりません。新しいスター・ペアレンティングのツールの使い方を覚えたり、世界やあなたが直面している課題に対応するための新しい情報を知ることが大切です。

なぜ完璧を目指さないのか？

「完璧さ」は、決して達成できるものではありません。絶えず情報を探し、自分が正しいことをきちんとできているかと心配していると、ストレスであなたの子どもに対する観察力や直感が鈍ります。そして完璧さを追い求めると、まわりのみんながまいってしまいます。

ほどほどで十分です。本当です！

完璧でなくても、間違いを処理する方法を実際にやってみせることは、間違いを犯しても世界が終わるわけではないことを子どもに理解させるのに、役に立ちます。

むしろ完璧でないほうが、子どもにとっては安心なのです。

……私があなたにしてほしいのは

今の子どもを楽しむこと

どの年齢の子どもでも、親としての楽しみと親としての課題があります。子どもと楽しい時を過ごしたら、あなた自身にも子どもにも、双方によい思い出ができ、子どもが大きくなり家を出て行ったあとも思いだすことができます。

好奇心をもつこと

自分のまわりで起きていることに注目しましょう。「もし私が……してみたら、どうなるかしら？」と自分に問いかけてみます。そして、毎日ひとつ新しいことを覚えましょう。新しい情報や考えを受け入れるようにしていれば、必要なときに新しい解決法を楽に見つけられるようになります。

自分で決断すること

あなたは自分の子どもの専門家です。また子どもの一番強力な援護者です。私の子どもが幼いとき、私は、自分の判断とほかの人の判断が違ったとき、ほかの人の判断を選択するという間違いを何度か犯しました。あるときは友人、あるときは専門家でした。どちらの判断も、私の子どもにはふさわしくありませんでした。

関係している人すべてがうまくいく解決法を探すこと

アイデアを多く考えれば考えるほど、みんなにとってうまくいく方法が見つかる可能性が高くなります。みんながうまくいく方法を見つけるのがいつも可能とは限りませんが、探し求めるプロセスが問題解決には役立つのです。

バラの香りをかぐ時間をつくること

あなた自身の要求が満たされていれば、子どもに必要な養育と愛と限度を与えるのは、簡単になります。森を散歩したり、マッサージを受けたり、寝転んで本を読んだり、友だちと話すなど、あなたがエネルギーを得られ、リフレッシュでき、気持ちが落ちつくようなことをしましょう。

スター・ペアレントは成長する親であり、完璧な親ではありません。時間をかけてこの本を読み、考えたことで、あなたはもうスター・ペアレントです。

あなたの親としての旅がうまくいきますように。

【著者紹介】

エリザベス・クレアリー（Elizabeth Crary）

アメリカで女性初の親教育者。親や教師、子どもを支援する活動を長年続けており、その経験と実践、自らの子育ての体験をもとに、のびのびと責任感のある子どもが育ち、親も自分を大切にしながら楽しみながら子育てする方法として、スター・ペアレンティング（STAR Parenting）というプログラムをつくる。シンプルで無理なくすぐに実践でき、アメリカやカナダの新しい世代の親に絶大な支持を得ている。講演やワークショップ、テレビやラジオへの出演を通して多くの人に親しまれている。２人の子どもはすでに独立し、夫とアメリカのシアトルに暮らす。

【訳者紹介】

田上時子（たがみ・ときこ）

早稲田大学卒業後、カナダに留学。１９８８年帰国直後に起きた「東京埼玉幼女連続殺人事件」への公的機関の対応にショックを受け、カナダで学んだことを日本に紹介する必要を感じて翻訳出版した『わたしのからだよ！』が話題となる。その後、子どもの力を信じ、幼児期から思春期にいたるまで、あらゆる子どもの問題に取り組み、子どもと親をサポートする活動を精力的に行なっている。現在、ＮＰＯ法人女性と子どものエンパワメント関西理事長、ＮＰＯ法人ＣＡＰセンター・ＪＡＰＡＮ副理事長、大阪府社会教育委員会副議長。著書に『子どもとのコミュニケーション・スキル』（築地書館）、編著書に『子どもの虐待一問一答』『子どもの性的虐待一問一答』（解放出版社）、訳書に『親を楽しむ小さな魔法』『親と子どもの感情ＢＯＯＫ』（築地書館）、『わたしのからだよ！』（木犀社）など多数。

本田敏子（ほんだ・としこ）

翻訳学校で出会った仲間と翻訳グループ〈とも〉を結成し、女性問題や子どもに関する本の翻訳、女性センターの海外情報誌の英訳などを手がけてきた。大阪府立女性総合センター、とよなか男女共同参画推進センター勤務をへて、現在、英語講師や翻訳などで活動中。共訳書に『働く母親』『女性の自己表現術』（創元社）、『女性とエイズ』『罪もなく自由もなく』『逃げ腰症候群』（新水社）、『父の国の母たち』（時事通信社）、『愛!?私自身を生きるために』（松香堂）、『親と子どもの感情ＢＯＯＫ』（築地書館）、『非暴力をめざすトレーニングガイド』（解放出版）など。

叩かず甘やかさず子育てする方法 STAR Parenting《スター・ペアレンティング》

二〇一〇年一〇月一〇日　初版発行
二〇一六年　六　月三〇日　四刷発行

著者――エリザベス・クレアリー
訳者――田上時子＋本田敏子
発行者――土井二郎
発行所――築地書館株式会社
東京都中央区築地七‐四‐四‐二〇一　〒一〇四‐〇〇四五
電話〇三‐三五四二‐三七三一　ＦＡＸ〇三‐三五四一‐五七九九
ホームページ：http://www.tsukiji-shokan.co.jp/
振替〇〇一一〇‐五‐一九〇五七
印刷・製本――シナノ出版印刷株式会社
組版・装丁――新西聰明
イラスト――近藤直子

　ISBN 978-4-8067-1406-4 C0077

くわしい内容はホームページで。URL=http://www.tsukiji-shokan.co.jp/

●子育ての本

「親」を楽しむ小さな魔法

エリザベス・クレアリー［著］　田上時子＋三輪妙子［訳］
◎7刷　一六〇〇円＋税
のびのびと、責任感のある子どもが育つ、シンプルで無理なくできる接し方。親や教師、子どもを支援する活動を25年以上続けてきた著者の経験と実践をもとに作りだされた、全米ベストセラーのワークブック。

「親」をたのしむ5つのスキル

エリザベス・クレアリー［著］　田上時子［訳］
◎6刷　一〇〇〇円＋税
親が変われば子どもも変わる……「しつけ革命」第一弾。子どもにどう接していいかわからないと悩んでいるあなたへ。本書のシンプルで実際的なスキルが、あなたの子育てをサポートします。

楽しく子育てアイデア・ブック

エリザベス・クレアリー［著］　田上時子［訳］
◎2刷　一〇〇〇円＋税
子育ての悩みを解消する15の〝魔法の道具〟。北米で絶大な支持を得た話題書、待望の邦訳。『「親」をたのしむ5つのスキル』の理論をもっとわかりやすく、具体的な例にそって、一つずつ考えていけるような実践編。

親が自分を大切にするヒント

カールソン＋ヒーリー＋ウェルマン［著］　田上時子［訳］
◎3刷　一〇〇〇円＋税
親が自分を大切にすることは、子育ての第一歩であり、最も重要なことです。自分を大切にすると、子どもの要求と気分を理解したり、ストレスに対処する方法を見つけたり、ということができるようになります。